KB140172

한국 고서정리
오류해제

한국 고서정리
오류해제

—

정인갑 지음

목차

서 문

　필자의 가문은 1918년에 중국으로 이주하였다. 한국 식으로 표현하면 '동포 3세'이고 미국 식으로 표현하면 '동포 2.5세'이며 중국 식으로 표현하면 '중국 조선족 제3대'이다. 아마 이런 신분 때문인지 필자는 어릴 때부터 북한에서 출간된 한국의 고서를 많이 읽었다. 초·중·고교 때는 주로 한글로 번역된 고서이거나 한글로 재창작된 옛이야기 책들이다. 이를테면 《춘향전》, 《심청전》, 《홍길동전》, 《강감찬전》, 《장화홍련전》, 《박제상전》, 《허생전》 등이다.

　북경대학 중문학과 고전문헌 전공(고서 정리의 인재를 배출하기 위해 설립한 전공)을 졸업한 후에는 한국의 국사편찬위원회에 해당하는 중화서국中華書局에 발령받아 평생 근무하고 은퇴하였다. 북경대학에 입학해서부터 한국 고서 원문을 탐독하였으며 《삼국사기》 등을 접촉하기 시작했다. 1987년 처음 한국을 방문했을 때 한국의 고서를 많이 구매하였다. 그때부터 한국 고서의 원문과 번역문을 더 많이 읽을 수 있었으며 이미 35년이란 시간이 흘렀다. 그러는 와중에 고서를 오역한 곳을 많이 발견하였다.

　한번은 서울에서 고서 정리에 관한 세미나에 참석하였는데 한 발제자가 연암 박지원의 《열하일기熱河日記》를 운운하며 '脚' 자를 '아랫다리'라 하였다. 필자가 《열하일기》 시대에 '脚'은 '아랫다리'가 아니라 '발'이라고 지적하는 발언을 하였다. 나중에 사회자가 총결

지으며 "'아랫다리'와 '발'은 거기서 거기가 아니냐, 그리 개의할 필요는 없다."라며 필자의 발언을 묵살하는 것이었다.

또 한번은 한국 한문학 분야의 원로 학자에게 한국 고서 번역에 오류가 많다며 두어 가지 예를 들었다. 하나는 《삼국사기》에서 '血流浮杵'를 '흐르는 피가 내를 이루어 공이를 띄울 정도에 이르렀다'로 번역하였는데 '杵'는 '[절귀]공이'가 아니라 '방패'이고, 역시 《삼국사기》에서 '靑牛'를 '푸른 소'라 번역하였는데 '靑牛'는 '푸른 소'가 아니라 '검은 소'가 맞는다고 하였다. 그 학자는 다짜고짜로 '푸른 소'가 맞는다고 우기며 필자의 말을 전면 부정하였다.

이 세 가지 사건을 통해 필자는 생각하였다. 중국인은 '발', 한국인은 '아랫다리', 중국인은 '방패', 한국인은 '절굿공이', 중국인은 '검은 소', 한국인은 '푸른 소'라고 인식해도 큰 애로가 없을 듯하다. 발이건 아랫다리건, 방패건 절굿공이이건, 검은 소건 푸른 소건 다 거기서 거기라고 생각하면 그뿐 아닌가?

그러나 문제는 이렇게 간단히 끝나는 것이 아닌 듯하다. 한번은 중국 생물학 중견 학자와 식사하는 자리에서 필자가 한국의 '靑牛' 이야기를 꺼냈다. 중국인은 '청우'를 '검은 소'라 하는데 한국인은 '푸른 소'라고 우긴다고 하였다.

그 학자는 깜짝 놀라며 "푸른 소는 절대 아닐 것이요. 포유류 동물은 작은 쥐로부터 큰 코끼리, 낙타에 이르기까지 푸를 수가 없소. 이는 유전학적으로 증명된 결론이요. 만약 한국에 푸른 소가 있다면 세계 생물학자를 한국에 모아 현장견학 겸 학술회의를 진행하고 '포유류 동물도 털이 푸를 수 있다'로 기존 결론을 뒤집어야 할 것이요"라고 하였다.

필자는 웃으며 "한국에 푸른 소가 있다는 것이 아니라 한국 고서 중의 '靑牛'를 '푸른 소'로 번역하였습니다"라고 하였다. 그도 웃으며 "아마 그렇겠지요, 푸른 소는 있을 수 없습니다. 한국 학자들이 틀리게 번역했구먼요"라고 하는 것이었다.

고대 중국어와 현대 중국어는 시대별 그 뜻이 다른 단어가 꽤 되며 이런 문제를 중국어 발달사에서 전문 연구한다. 이 점을 설명하기 위해 곧잘 드는 예가 바로 상용어 '脚, 走, 睡' 세 단어이다. '脚'은 고대 중국어에서 발과 아랫다리를 통틀어 일컫다가 현대 중국어에서는 발만을 일컫고, '走'는 고대 중국어에서 '뛰다'의 뜻이다가 현대 중국어에서 '걷다'로 변했으며, '睡'는 고대 중국어에서 졸다'의 뜻이다가 현대 중국어에서는 '자다'로 변하였다. 이 세 개의 상용단어를 잘못 말했다가 망신당하는 수가 많다. 그런 관행이 있기에 필자가 그런 발언을 한 것이다.

한국의 고서는 한국의 문화자산일 뿐만 아니라 한자문화권, 나아가서는 전 세계의 공동 자산이다. 필자는 1997년부터 정약용의《목민심서》를 읽기 시작하여 완전히 이 책에 도취해 버렸다. 어쩌면 이렇게도 훌륭할까! 다산 정약용(1762~1836)과 중국의 공자진龔自珍(1792~1841)은 거의 같은 시대의 거장인데 정약용의 저서가 더 훌륭하다고 본다. 한국의 고서에는 이렇듯 한자문화권에서 손색이 없는 훌륭한 문헌이 많다. 이런 문헌들은 잘 정리하여 한자문화권의 17억 인구에 읽혀야지 5천만 한국인에게만 읽히면 너무 아깝다고 생각해 왔다.

1980년 중화서국에서 중국의 역사학 대가 오함吳晗이 편찬한《朝鮮李朝實錄中的中國史料조선이조실록 중의 중국 사료》를 출판한 적이 있다.

최근 중국 한자들이 '주변 국가로부터 중국을 보기從週邊看中國'라는 취지로 점점 한국문헌에 관심을 돌리기 시작하였다. 이런 연구의 수요로 2012년에《한국한문 연행 문헌 선편韓國漢文燕行文獻選編》30책과 2015년에는《조선 통신사 문헌 선편朝鮮通信使文獻選編》20종 5책을 출판하였다.[1] 중국 학자들의 한국문헌을 중요시하는 이런 추세는 점점 더 강해질 것이다.

우리는 고대 문헌을 정확히 정리, 번역하여 한자문화권 및 인류 문화에 공헌해야 한다. 절대 '거기서 거기면 되지'라는 식으로 한국 인에게만, 그것도 틀리게 읽히면 안 된다.

이런 의미에서 필자가 30여 년간 정리 및 번역한 한국의 고서에서 본 느낌을 한데 엮어보았다. 주로 가장 수준도 높고, 편폭도 큰 《역주 삼국사기》와《역주 목민심서》및 북역《삼국유사》의 오류를 예로 들었으며《한국 고서정리 오류해제》란 이름을 달았다. 한국의 고서 정리에 일조할 수 있기를 바란다.

필자의 수준 미달로 많은 오류가 있으리라 보며 독자들의 기탄없는 비평을 바란다.

2022년 1월 30일

정　　인　　갑

---

1) 중국 상해上海 복단대학復旦大學 교수 갈조광葛兆光의《현장에 있는 것과 없는 것——조선 통신사 문헌으로부터 본 근세 동아시아 삼국(在場的和不在場的——從朝鮮通信使文獻中看近世東亞三國)》참조. 한국 SK고등교육재단, 2020년.

제一장
《역주 삼국사기》
오역 예해

예해例解란 말은 중국에서 많이 쓰는 단어인데 예를 들어 그에 대해 해석하는 것이다. 본《역주 삼국사기》는 한국학중앙연구원 출판부에서 출판한《역주 삼국사기》2014년 4월 재쇄본(이하 '중앙본'으로 약칭함)을 근거로 하였다. 한문 원문은 제1책이고 한글 번역문은 제2책이며 독자들은 원문일 경우 제1책, 번역문일 경우 제2책이라 인지하기 바란다.

원문 1-103▽8은 제1책 제103페이지의 위로부터 아래로 헤아려 제8행이라는 뜻이고, 1-121△7은 제1책 제121페이지 아래로부터 위로 헤아려 제7행이라는 뜻이다. 번역문 2-103△4는 제2책 제103페이지의 아래로부터 위로 헤아려 제4행이라는 뜻이고 2-121▽1은 제2책 제121페이지 위로부터 아래로 헤아려 제1행이라는 뜻이다.

아래에《역주 삼국사기》오역의 일부를 추려서 해석을 달았다. 편폭을 절약하기 위하여 해석은 적극 간단하게 했으며 어떤 것은 아예 해석을 달지 않았다. 예문은《역주 삼국사기》의 순서에 따랐지만 예해 6~10의 '國'과 예해 25~28의 '戰' 등 극히 개별적인 단어는 같은 의미이므로 순서를 무시하고 한데 모아 서술하였다.

서열	원 문 중앙본·제1책 원문 편	번역문 중앙본·제2책 번역 편	필자의 수정 번역문·미간행
1	1-103▽8 娑娑尼師今五年 古陁郡主獻靑牛[1]	2-103△4 고타군주가 푸른 소(靑牛)를 바쳤다.	고타군주가 검은 소를 바쳤다.
2	1-116▽11 儒禮尼師今 嘗[2]夜行 星光入口	2-121▽1 일찍이 밤길을 가다 가 별빛이 입안으로 들어 와	밤길을 가다가 별빛이 입안으 로 들어온 적이 있는데
3	1-121△7 奈勿尼師今十八 年 非所望於大王[3]也	2-129▽1 이는 대왕이 바라는 바가 아닐 것입니다.	이는 [우리가] 대왕에게 바라 는 바가 아닙니다.
4	1-126▽1 慈悲麻立干二年 賊將[4]退	2-135△11 적들이 장차 물러 가려고 하였다.	적들이 물러가려고 하였다.
5	1-147△7 善德王13年 往者隋室相[5]侵	2-166▽3 예전에 수나라가 잇 달아 침입하였을 때	과거 수나라가 침범하였을 때

1 靑牛 : 털의 색깔이 검은 소.《漢語大詞典》제11책 517페이지:
【靑牛】: '黑毛的牛。'(털이 검은 소.) 색깔이 검은 소는 한국과 중국에
서 거의 볼 수 없으며 일본에는 꽤 있다고 한다. 필자는 일본에서 검
은 소고기 불고기를 먹은 적이 있는데 검지 않은 소고기보다 퍽 더
맛있었다. 아마 그래서 고타군주가 검은 소를 임금에게 바친 듯하다.
중국어에 '푸르다'는 뜻을 표시하는데 뉘앙스로 뜻이 약간씩 다른
'靑, 藍, 綠' 세 가지 어휘가 있으며 그 중 '靑'은 '검다'라는 뜻으로도
썼으며 비교적 보편적이었다.《書·禹貢》: '厥土靑黎, 厥田有下土。'
孔穎達疏: '王肅曰: 靑, 黑色。'《목민심서》에 '有全蒼者, 曾所未見
也。/털빛이 온통 푸른 소가 있다는데 나는 아직 본 적이 없다.'(원
문 창비사 출판 2018년 판 7-320, 번역문 3-267)라는 말이 있다. 대
만과 중국 대륙에서 노자가 청우를 타고 도처에 다니며 설교하였다
는 만화가 여러 가지 출판되었는데 모두 검은 소이다. 현대 중국
어에서 검은 천을 '靑布'라고 하는데 고대 중국어의 흔적이다. 한
국인들도 자주 쓰는 '靑出於藍勝於藍(청출어람승어람)'을 필자는

어릴 때 '검은 색은 남색에서 추출됐지만 남색보다 색깔이 더 짙다'로 배웠다.

2 **嘗** : '嘗'은 구술자가 말하기 전에 그런 경력의 유무有無를 말한 것이지 '일찍이'가 아니다. 말하기 전 수십 년 전의 일이건 몇 분 전의 일이건 일단 말하기 전에 있었던 일이면 다 '嘗'으로 표현한다. 우리말의 '…적이 있다'로 번역해야 가장 적절하다. 본서에 '嘗' 자가 너무 많이 나타났으므로 제2장에서 집중적으로 상세히 취급하련다.

3 **望於大王** : '望於大王'의 문장 성분을 설명하면 이러하다: 望(술어) 於(개사) 大王(보어). '於大王'은 개빈 구조, 개사(영어의 전치사와 유사함) '於'로써 보어 '大王'을 끌어낸 것이다: '대왕에게'. 또 내용상으로 보면 백제의 국민이 신라로 도망쳤고 백제의 왕이 신라의 왕에게 도망간 국민을 돌려보내 달라는 편지이므로 백제의 왕이 자기 자신을 '대왕'이라 부를 수 없다.

4 **將** : '將'은 앞으로 생길 일을 나타내는 시간부사이지만 이곳의 '將'은 그 의미가 증발하여 그런 뉘앙스만 나타낸다. 우리말의 '장차'로 번역할 필요는 없고 '하려' 정도로 번역하면 족하다. '將'의 용법에 관하여서는 뒤의 제3장에서 집중적으로 상세히 취급하련다.

5 **相** : '相'은 '서로 상' 자인데 여기서 '서로'라 번역할 수 없고 또한 전혀 무시할 수 없으므로 '잇달아'로 번역한 것 같다. '相'에는 '잇달아'라는 뜻도 없다. 중국어의 '相'은 '서로 상' 외에 '일방통행의 상'의 뜻이 있으며 본 단문의 '相'은 바로 '일방통행 상'의 뜻이다. '相'에 관해서는 뒤의 제2장에서 집중적으로 상세히 취급하련다.

6	1-159△3 文武王上 夢登 西兄山頂坐 旋⁶流遍國⁷ 內	2-182△7 꿈에 서형산 꼭대기에 올라앉아서 오줌을 누었더니 온 나라 안에 가득 퍼졌다.	꿈에 서형산 꼭대기에 올라 앉아 오줌을 누었는데 경성 안에 두루 퍼졌다.
7	1-278△4 東川王二十年 王復⁸國⁷論功	2-360△6 왕은 나라를 회복하고 공을 논하였는데	왕은 귀경하여 공적을 논하 였는데
8	1-457△7 雜誌1 國⁷東有 大穴	2-584△2 나라의 동쪽에 큰 굴이 있어	경성 동쪽에 큰 굴이 있는데
9	1-457△2 雜誌1 國⁷左有 大穴	2-585▽12 나라의 왼쪽에 큰 굴 이 있어	경성 왼쪽에 큰 굴이 있는데
10	1-586△1 列傳5 王復國⁷ 論功	2-767▽1 왕이 나라를 회복하고 공을 논하였는데	왕이 경성에 돌아와 전공을 논하였는데

6 旋 : '旋' 자의 구두점에 문제점이 있다. 원문을 '夢登西兄山頂坐/
旋流遍國內'로 띄어 썼는데 '夢登西兄山頂坐旋/流遍國內'로 띄어 써
야 맞다. 즉 '夢登西兄山頂坐旋 流遍國內'여야 한다.

7 國 : 경성. '國'에 '나라'라는 뜻이 있을 뿐만 아니라 '경성'의 뜻
도 있으며 비교적 빈도 높게 쓰였다. 《左傳·隱公元年》: '先王之制,
大都不過三國之一。'(선왕의 제도에 큰 도시는 경성의 3분의 1에 불
과하다.) 본《삼국사기》에도 '경성'의 뜻으로 자주 등장한다. 본문은
내용으로 보아 '경성'이 합당하다.

8 復 : 돌아오다. 王復國: 왕이 경성으로 돌아오다. 고구려가 망하
지 않았는데 어떻게 '나라를 회복하다'로 보겠는가?

11	1-160▽7 文武王上元年 雖在服 重⁹違皇帝敕命	2-183△11 [왕께서] 비록 상복을 입고 있는 중이지만 무거운 황제의 칙명을 어기기는 어렵습니다.	왕께서는 비록 상복을 입고 있는 중이지만 황제의 칙명을 어긴 책임 지십시오
12	1-173▽1 文武王下十一年 奉承機心稍¹⁰動	2-199▽7 [왕께서는] 바르지 못한 마음을 조금 움직여	왕께서는 바르지 못한 마음이 점점 발작하여
13	1-173△9 文武王下十一年 聲塵¹¹共擧	2-200△11 토벌의 군사를 함께 일으켰고	명성도 함께 날리며
14	1-173△6 文武王下十一年 銷鏑而化虛室¹² 爲情自然	2-200△1 병기를 녹이고 허술한 나라 안을 다스리는데 마음을 두어 자연스럽게	병기를 녹이고 마음을 비워 정서를 자연스럽게
15	1-174▽1 文武王下十一年 此先君之不長¹³者也	2-201△12 이는 선왕을 못난 사람으로 만드는 것입니다.	이는 선왕의 장점이 아닙니다.

9　重 : 책임지다.《左傳·昭公五年》: '旣獲姻親, 又欲恥之, 以召寇讐, 備之若何? 誰其重此?' 俞越《群經評議·春秋左傳》三: '誰其重, 此卽誰其任此, 言誰任其咎也。'('誰其重'은 즉 누가 이 책임을 지는가, 누가 그 잘못을 책임지느냐이다.) '어렵다'가 아니다.

10　稍 : 점점. '조금'이 아니다. 고대 중국어에서 '稍'의 가장 보편적인 의미는 '점점'이며 본《삼국사기》에 '점점'의 뜻으로 쓰인 곳이 많다. 대군을 거느리고 정벌하러 온 자가 정벌 대상을 욕할 때 '조금 움직인' 죄를 졌다 할 수 없다.

11　聲塵 : 명성名聲.《한어대사전》제8책 제693페이지【聲塵】: '指名聲。南朝梁劉孝標《自序》: "余聲塵寂寞, 世不吾知, 魂魄一 去, 有同秋草。" 宋李昉《寄孟賓於》: "昔日聲塵喧洛下, 近年詩價滿江南。" '토벌의 군사'가 아니다.

12　虛室 : 마음을 비우다. '허술한 나라 안'이 아니다. 陶淵明《歸園田居》: '戶庭無塵雜, 虛室有餘閑。' '虛室生白(마음을 비우면 도의에 맞는 마음이 스스로 생기다)'의 준말.

13 長 : 장점, 우점.

16	1-174▽6 文武王下十一年 內潰疑臣 外招强陣	2-202▽1 안으로는 의심스러운 신하를 죽이고 밖으로는 강한 군대를 불러들였으니	안으로는 회의를 품은 신하에 의해 무너지고 밖으로는 강한 군대를 불러들였으니
17	1-174△8 文武王下十一年 豺狼有顧	2-202△6 승냥이와 이리 같은 사악한 마음이 일어나게 되는 것입니다.	승냥이와 이리가 엿본다.
18	1-178△7 1-武王下十一年 太山未礪¹⁴	2-210▽11 태산이 아직 숫돌이 되지 않았는데	태산이 아직 닳아 없어지지 않았는데
19	1-178△1 文武王一年 曾¹⁵無一達	2-210△3 일찍이 한 번도 통할 수가 없었습니다.	한 번도 전달된 적이 없었습니다.
20	1-179▽5 文武王下十一年 數¹⁶彼熊津 伐此新羅	2-211▽10 저 웅진을 생각하여 저희 신라를 공격하는 것입니까?	저 웅진을 가까이 하며 저희 신라를 정벌하고 있습니다.

14 礪 : 갈다, 갈아 없어지다. '未'(아직...않다)가 부사이므로 '礪'는 동사여야 바람직하다. 부사 뒤에 명사('礪': 숫돌)가 올 수 없다.

15 曾 : '曾'을 '일찍이'로 번역하면 맞지 않고 '...적이 있다'로 번역해야 정확하다. '曾'에 관해서는 제2장에서 집중적으로 상세히 취급하려 한다.

16 數(shuò) : 가까이 하다. 《左傳·成公十六年》: '無日不數於六卿之門。' 杜預注: '數, 不疎。'(멀지 않다)'數'에 '생각하여'라는 뜻은 전혀 없다.

21	1-183▽3 文武王下二十年 雜綵[17]	2-217△12 여러 가지 채색 비단	(천한 사람이 입는) 잡색 천
22	1-184▽4 文武王下二十一年 自[18]犯冒風霜 遂成痼疾	2-219△12 스스로 온갖 어려운 고생을 무릅쓰다가 마침내 고치기 어려운 병에 걸렸고	바람과 한기를 맞아서부터 고질에 걸렸고
23	1-187△2 神文王六年 於文館詞林 採其詞涉規誠者	2-225▽1 문관 사림 가운데 모범으로 삼을 만한 글을 골라	《문관 사림》에서 훈계와 관계되는 글을 골라
24	1-188▽5 神文王七年 火宿[19]沈輝	2-225△11 해는 빛을 잃고	불씨가 빛을 잃으니

17 雜綵 : (천한 사람이 입는) 잡색 천.《三國誌・魏誌・夏侯玄傳》: '今科制, 自公, 列侯以下, 位從大將軍以上, 皆得服綾錦, 羅綺, 紈素, 金銀飾鏤之物, 自是以下雜綵之服, 通用於賤人.'(지금의 제도에 공과 제후 이하 및 대장군 이상은 모두 능금, 나기, 환소에 금은 조각으로 장식된 의상을 입을 수 있고 그 이하는 천인에게 통용되는 잡채의 의상을 입는다.)

18 自 : …로부터(개사). 대명사 '스스로'로 볼 수 없다.

19 火宿=宿火 : 불씨. 고대에 성냥 같은 것이 없으므로 불씨를 보관해 두고 썼다. 필자가 의무병으로 있을 때 길림성吉林省 서북부 후진 농촌에서 아직 이런 불씨를 쓰는 것을 자주 보았다. 약 2미터 길이의 껍질을 벗기고 말린 삼대에 불을 달아놓으면 하루 종일 탄다.《漢語大詞典》【火宿】=【宿火】: '隔夜未熄的火, 預先留下的火種.'(하룻밤 지나도 꺼지지 않는 불, 미리 남겨둔 불씨.)

25	1-189△2 孝昭王八年 九月 東海水戰[20] 聲聞王都	2-228▽7 9월에 동해 물이 서로 맞부딪쳐 그 소리가 서울(王都)에까지 들렸다.	9월에 동해의 물이 떨었으며 그 소리가 경성에까지 들렸다.
26	1-213△10 哀莊王五年九月 望德寺二塔戰[20]	2-263▽2 9월에 망덕사의 두 탑이 흔들려 서로 싸우는 듯하였다.	9월에 망덕사의 두 탑이 떨었다.
27	1-215△1 憲德王八年 夏六月 望德寺二塔戰[20]	2-266▽7 여름 6월에 망덕사의 두 탑이 흔들려 싸우는 듯하였다.	여름 6월에 망덕사의 두 탑이 떨었다.
28	1-216△10 憲德王十三年 秋七月 浿江南川二石戰[20]	2-267▽9 가을 7월에 패강과 남천의 두 돌이 서로 싸웠다.	가을 7월에 패강과 남천의 두 돌이 떨었다.
29	1-193△6 聖德王二十二年 泉客[21]	2-233△4 천주 상인	인어(人魚)
30	1-194▽4 聖德王二十四年 冬十月 地動[22]	2-234△10 겨울 10월에 땅이 흔들렸다.	겨울 10월에 지진이 일어났다

20 戰 : '戰'에 '전쟁, 전투, 싸우다'라는 뜻과 '전율戰慄(떨다)'이라는 뜻이 있다.《삼국사기》전편에 '전율'이라는 뜻으로 쓰인 4곳을 위 25~28에 모두 열거하였다. 역자는 이를 '전쟁, 전투, 싸우다'의 뜻으로 오역하였다. 현재 경주는 비록 급수가 낮지만 지진 빈발지역이다. 아마 옛날에도 경주지역에 지진이 빈발한 듯하다. 위의 4가지 기록은 다 급수가 낮은 지진이 일어났을 것이며 그때 사람들은 바다 물, 사찰의 탑, 강변의 돌이 떠는 것을 발견하고 적었을 것이다.《삼국사기》의《고구려 본기》와《백제 본기》에는 이런 기록이 없다.

21 泉客 : 인어人魚. 물 안에서 사는 사람인데 눈물도 구슬이라는 전설이 있다. 신라가 당나라 황제에게 올린 표문에 '신라는 바다 구석진 데 있고 땅은 먼 모퉁이에 처하여 인어가 뱉어낸 구슬 같은 보배는 없고...'라고 쓴 것이다. 본래는 '淵客'인데 당고조 李淵을 피휘避諱하여 '泉客'이라 고쳐 쓴 것이 후세에 고착됐다.《한어대사전漢語大詞典》제5책 제1,032페이지【泉客】,【泉客珠】낱말 참조.

22 地動 : 지진. 고대 중국어에서 지진을 '地動'이라고도 하였다. 《三國史節要》본과 舜본에 '地震'이라 기록된 것이 이를 한층 더 증명해 준다.

31	1-199▽3 孝成王二年 國高奕 皆出其下[23]	2-241▽3 우리나라 바둑의 고수는 모두 그 밑에서 나왔다.	우리나라 바둑 고수들이 모두 그의 수준 이하였다.
32	1-209▽1 元聖王元年 卽[24]人君大位 固非人謀	2-256▽2 임금의 큰 지위란 본시 사람이 어떻게 할 수 있는 것이 아니다.	임금의 큰 자리에 즉위시키는 일은 본래 사람이 꾀할 수 없다.
33	1-237▽8 景明王五年 時有[25]皇龍寺僧 年過九十者曰	2-298▽11 그때 황룡사에 나이가 90세 넘은 사람이 있어 말하였다.	그때 황룡사에 나이가 90세 넘은 한 중이 말하였다.
34	1-241▽5 敬順王九年 孤危若此 勢[26]不能全	2-304△11 외롭고 위태로움이 이와 같으니 형세를 보존할 수가 없다.	외롭고 위태로움이 이와 같으니 온전히 보존할 수가 없다.
35	1-257▽2 大武神王十一年 無以將[27]厚意 輒用薄物 致供於左右	2-329▽10 후의를 감당할 길 없으니 보잘것없는 물건을 부하들에게 제공하려고 하오.	후한 뜻을 가져올 수 없어 별치 않은 물건을 부하들에게 제공하려 하오.

23 신라의 바둑 애호가가 임시 출장 온 당나라 사신의 밑에서 나왔다는 것은 어불성설이다. 문헌 기록에 의하면 양계응은 임시 출장 와서 바둑 몇 판 두고 돌아갔을 뿐이다. 그가 신라에 와서 바둑 강습소를 꾸리고 바둑을 가르친 것도 아니다. 그가 이기기는 이겼지만 사실은 사대주의에 물 젖어 우정 지어주었을 것 같다. 신구新舊《당서唐書》에 한반도 삼국의 사람들은 바둑을 애호한다는 기록이 있으며 그때 신라 사람의 바둑 수준은 대단히 높았다. 신라의 박석朴碩이란 사람이 당나라에 불려가 기대조棋待詔(대기하고 있다가 부르면 수시로 들어가 황제와 바둑을 두어주는 직책)의 직에까지 있을 정도다. 신라인의 바둑 수준이 당나라 사람보다 높았을 수도 있을 것이

라 필자는 추측한다.

24 卽 : 즉위하다. 여기서 '卽'은 동사이지 부사가 아니다. 부사면 체언 '人君大位'를 수식할 수 없다.

25 有 : '有'를 '있다'로 번역하면 안 된다. '有'의 이 특수 용법에 관해서는 제2장에서 상세히 취급하련다.

26 勢 : 여기서 '勢'는 그 뜻이 증발하여 뉘앙스로 그런 의미를 약간 나타냈을 뿐이다. '형세'라 번역하면 과하다. '勢'에 관해서는 제3장에서 상세히 취급하련다.

27 將 : 동사, 가져가다, 가져오다.

36	1-298▽4 文咨明王十三年 高句麗世荷上(將)[獎]²⁸ 專²⁹制海外 九夷黠虜 悉得征之	2-387△9 고구려는 세세토록 상국上國의 도움을 입어 해외에서 제멋대로 다스려 구이九夷의 교활한 오랑캐들을 모두 정벌하였는데	고구려는 세세 대대 상국의 장려를 받아 해외를 다스림에 전념하여 동방 오랑캐의 교활한 무리들을 모두 정복하였다.
37	1-307△6 嬰陽王二十三年 亂常敗德 非可勝圖³⁰	2-399▽13 떳떳한 도를 어지럽히고 덕을 무너뜨림이 이루 헤아릴 수 없으며	도덕을 손상함은 그의 탐욕을 이기지 못하며
38	1-307△6 嬰陽王二十三年 掩慝懷姦 唯日不足³¹	2-399△12 악을 가리고 간사함을 품은 것은 헤아리기에 날이 오히려 부족할 정도이다.	사악한 마음을 숨기고 품는데는 날이 모자란다.
39	1-307△3 嬰陽王二十三年 兼契丹之黨虔劉海戍 習靺鞨之服³² 侵軼遼西	2-399△4 거란의 무리를 합쳐서 바다의 수 자리 군사들을 죽이고 말갈의 습관을 익혀 요서를 침범하였다.	거란의 무리와 합쳐 바다의 수 자리 군사들을 죽이고 말갈을 순복시켜 요서를 침범하였다.
40	1-308▽3 嬰陽王二十三年 賄貨如市 寃枉莫申³³	2-400▽5 뇌물을 주고받음이 물건을 사고파는 것과 같아서 백성들의 억울 함을 풀 길이 없게 되었다.	뇌물 수수가 시장 매매처럼 되었지만 억울함을 신고할 곳이 없다.

28 將 : 《역주 삼국사기》1-298페이지 주해 9에 의하면 원본·활자본·榮본·朝본·北본·權본·烈본·浩본에 모두 '獎'이고 유독 《위서魏書》에만 '將'인데 《위서》에 의하여 '將'을 택하였다고 '상국의 도움을 받아'로 번역하였다. '將'에 도움이라는 뜻이 없다. 필자는 문장의 내용으로 보아 '獎' 자가 맞을 것 같다고 주장하련다.

29 專 : 전문적으로, 전념하다. 위가 고구려를 표창하는 말에 폄하의 말 '제멋대로'라는 말을 쓰기 만무하다.

30 非可勝圖 : [탐욕의] 시도를 이기지 못한다. '圖'에 '헤아리다'의 뜻이 없다.

31 唯日不足 : (나쁜 짓을) 할 시간이 부족하다. 그들이 한 나쁜 짓을 우리가 헤아릴 시간이 부족한 것이 아니다.

32 習服 : 순종시키다. '習服靺鞨'을 윗 구절 '謙契丹之黨'의 구조와 대칭 시키기 위하여 '習靺鞨之服'로 변경해 썼다. 본 조서는 대칭을 추구하는 사륙변문四六駢文이다.

33 莫 : 否定적 대명사. 申 : 신고다. 莫申 : 신고할 곳이 없다.

41	1-308△7 嬰陽王二十三年 比戈按甲[34] 誓旅而後行	2-400△8 방패를 가지런히 하고 갑옷을 살피고, 군사들에게 경계하여 일러둔 후에 출행하며	병기를 갖추고 군사를 주둔시키고 선서한 후에 행동하며
42	1-319△4 寶藏王四年 潛師北趣甬道[35] 出我不意	2-418▽1 군사를 몰래 북쪽 양쪽에 담이 있는 길로 몰아 우리가 생각하지 못한 길로 나왔다.	군사가 비밀히 우리가 생각지 못하는 북쪽 협곡 길로 향하였다.
43	1-321▽3 寶藏王四年 見捉勝兵萬餘人[36]	2-420▽3 포로가 된 자는 무적의 군사(勝兵)가 1만여 명,	승리한 군사에게 생포된 자가 1만여 명,
44	1-324△2 寶藏王四年 山頂去城數丈[37] 下臨城中	2-426▽12 산꼭대기는 성에서 몇 길 떨어졌으므로 성안을 내려다볼 수 있었다.	산꼭대기가 성보다 몇 길 높으므로 성안을 내려다볼 수 있었다.
45	1-360△7 阿莘王元年 好鷹馬[38]	2-473△3 매사냥과 말타기를 좋아했다.	사냥을 좋아하였다.

34 按甲 : 군사를 주둔시키다. '갑옷을 살피다'가 아니다. 《後漢書·朱儁傳》: '旣到州界, 按甲不前, 先遣使詣郡, 觀賊虛實。'(주계에 도착하자 군사를 주둔시키고 선견사가 군읍에 가서 적의 허실을 관찰하다.) '比戈按甲'와 '誓旅而後行'을 띄어 써야 한다.

35 甬道 : 양편에 담 또는 엄폐물이 있는 길. 유성에서 요동으로 향하는 수백 킬로의 길 양쪽에 담이 있을 수 없다. 산 중의 협곡의 길을 말한다.

36 見捉勝兵萬餘人 : 승리군, 당군에게 잡힌 자가 만여 명이다. '見'은 피동을 나타낸다. '捉', 잡다. '見捉', 잡히다. '勝兵', 잡는 행위를 실행한 자, 즉 승리한 당나라의 군사. 단문 '見捉於勝兵萬餘人'에서 '於'가 생략된 것이다. '포로가 된 자는 무적의 군사勝兵가 1만여 명'은 말이 되지 않는다. 무적의 군사가 어떻게 포로가 될 수 있는가?

37 산꼭대기가 성보다 몇 길 높다. '성에서 몇 길 떨어진' 곳이 아니다. 만약 산꼭대기가 성에서 몇 길 떨어져 있으면 산꼭대기에서 성안을 내려다볼 수 없으며 무너져도 성을 눌러 무너뜨릴 수 없다.

38 鷹馬 : 사냥. '鷹馬' 단어 자체의 구성은 '매와 말'이지만 '사냥'이라는 뜻으로 쓰인다. 《漢語大詞典》 제12책 1,166페이지: 【鷹馬】: '獵鷹和馬, 借指田獵。'(사냥하는 매와 말. 사냥의 차용어로 쓰인다.)

46	1-364△6 蓋鹵王十八年 矢石暫[39]交	2-479▽6 화살과 돌[矢石]로 잠시 싸운 끝에	화살과 돌이 갑자기 날아들어
47	1-364△2 蓋鹵王十八年 國自魚肉[40]	2-479△8 나라가 스스로 으깨어지고[魚肉]	나라 사람들이 서로 상잔하고
48	1-366▽2 蓋鹵王十八年 高句麗阻彊[41]	2-481△10 고구려가 강함을 믿고	고구려가 변강을 막고
49	1-367△7 蓋鹵王十八年 緣河樹堰	2-484△4 강을 따라 둑을 쌓았는데	강을 따라 둑에 나무를 심고
50	1-381△5 武王二十八年 咸許[42]輯睦	2-504△12 모두 화목하게끔 하였다.	화목하겠다고 모두 동의하였다.

39 暫 : 갑자기.

40 魚肉 : 칼 도마 위의 고기처럼 칼질 당하다. 잔해殘害를 비유하는 말.《史記・項羽本紀》: '如今人方爲刀俎, 我爲魚肉, 何辭爲?'(지금 그들이 칼 도마이고 내가 도마 위의 고기인데 거절할 것이 있는가?)

41 阻彊 : 변강을 막다. '彊'(변강)을 '强/彊'(강대하다)으로 착각하여 생긴 오류이다.

42 許 : 동의하다, 승낙하다. 咸許: 모두 동의하다.

51	1-386▽8 義慈王十一年 王若不從進止[43]	2-510▽11 왕이 만약 나아가고 머무는 것[進止]을 따르지 않는다면	왕이 만일 명령을 따르지 않으면
52	1-386▽9 義慈王十一年 令約束[44]高句麗 不許遠相救恤	2-510▽13 고구려와 약속하여 멀리서 서로 구원하지 못하게 할 것이다.	고구려가 먼 거리에서 백제를 구원하지 못하도록 단속할 것이다
53	1-459△5 雜志一 文[45]上曰池...下曰濱	2-587△5 문(文)의 위를 지(池)라 하고 ... 아래를 빈(濱)이라 하였으니	위에는 '池' 자를 썼고 ... 아래는 '濱' 자를 썼다
54	1-470▽2 雜志二 絡網[46]用糸麻	2-602△8 낙망(絡網)은 명주실・삼을 쓰되	말굴레는 명주실, 삼을 쓰되
55	1-554△5 列傳一 此處多毒蟲[47]猛獸	2-713△12 이곳은 독충과 맹수가 많아	여기는 독사와 맹수가 많아서

43 進止 : 명령. '나아가고 머무는 것'이 아니다.《北齊書·文苑傳·顏之推》: '帝時有取索, 恒令中使傳旨, 之推稟承宣告, 館中皆受進止.' (황제는 때때로 요구하는 것이 있으면 중사를 시켜 전달하였으며 안지추는 선고를 받았고 관중의 사람들은 모두 명령을 접수하였다.)

44 約束 : 단속하다, 구속하다. '約束'의 중국어 뜻은 한국어의 뜻과 전혀 다르다.《한어대사전》제9책 제721페이지【約束】: '① 纏縛; 束縛. ② 限制; 管束. ③ 規章; 法令.' 고구려와 약속한다는 것이 아니라 고구려를 단속한다는 것이다.

45 文 : 글을 쓰다. 명사 '文'을 동사로 활용하여 '글 쓰다'라는 뜻이다.

46 絡網 : 말굴레. 아래 '六頭品' 조에 '絡網... 牛勒...' 식으로 서로 대칭 위치에 나타났으며 '牛勒'가 '소의 굴레'이므로 '絡網'이 말의 굴레임을 알 수 있다. 또한 고대 중국어 '絡'에 '말굴레'라는 뜻이 있다.

47 毒蟲 : 독사. '毒蟲'에는 '독충', '독사' 두 가지 뜻이 있는데 '맹수'와 병렬시켰고 또 한반도에 치명적인 해를 끼칠 만한 벌레가 없으므로 '독사'로 보는 것이 바람직하다.

56	1-554△5 列傳一 貴[48]少年爰來獨處	2-713△12 귀하게 생긴 소년이 여기에 와서 혼자 있음은	귀소년이 여기 와서 혼자 거처하니
57	1-560△2 列傳二 流血浮杵[49]	2-723▽6 흐르는 피가 내를 이루어 공이를 띄울 정도에 이르렀다.	흐르는 피에 방패가 떴다
58	1-561△10 列傳二 任子憐[50]之不疑	2-724△1 이에 임자가 불쌍히 여기고 의심치 않아	임자는 그를 사랑하며 의심하지 않았고
59	1-562△8 列傳二 若欲爲賊者[51]	2-726△3 만약 반역하게 하면	반역하려는 자처럼 [가장]하면
60	1-563▽1 列傳二 遣伊湌欽純...等濟師[52]	2-727△10 이찬 흠순... 등을 보내 군사를 인솔하게 하였다.	이찬 흠순... 등을 보내 병력을 증가하였다.

48 貴 : 상대방을 존대하는 관형사. '귀하', '귀빈', '존함' 등 단어의 '귀'나 '존'과 같다. '귀하게 생긴'이 아니다.

49 杵 : 방패. 《書經‧武成》: '血流漂杵。'《說文》: '櫓, 大盾也。' 段玉裁注: '櫓, 或假杵爲之。血流漂杵, 卽流血漂櫓也。(櫓는 큰 방패를 일컫는다. 段玉裁의 주에 櫓는 공이를 대신 쓰기도 하는데 血流漂杵는 피가 흘러 방패가 '뜨다'이다.)' 옛날 금속이 귀하였으므로 나무를 방패로 사용하기도 하였으며 절굿공이와 비슷하였을 것이다. 또한 아예 절굿공이를 방패로 썼을 수도 있겠다. '杵' 자에 '절굿공이'와 '방패' 두 가지 뜻이 있으며 본문에서는 방패의 뜻이다. 전쟁판 허허벌판에 절굿공이가 있을 수 없다.

50 憐 : 사랑하다. 《한어대사전》 제7책 제741페이지【憐】: '① 哀憐; 憐憫。② 喜歡; 疼愛。'(사랑하다)《전기》의 내용으로 보아 '사랑하다'로 보아야 바람직하다.

51 若 : …것처럼 하다. 若欲爲賊者: 반역하려는 자처럼 가장하다.

52 濟師 : 군대를 증가하다, 지원군을 보내다. '군사를 인솔'하다가 아니다. 《左傳‧桓公 11년》: '盍請濟師於王?'《漢語大詞典》제6책 193페이지:【濟師】: ① 增援軍隊。(군사를 증원하다.) ② 軍隊渡水。(군사가 강을 건너다.)' '군사를 인솔하다'라는 뜻은 전혀 없다.

61	1-563△6 列傳二 兵食俱足	2-729▽2 군사와 식량이 모두 충족하며	병기와 식량이 모두 충족하며
62	1-567▽9 列傳三 上殿不趨[53]	2-735△9 대궐에 오를 때 있어서 몸을 굽히지 않도록 하였다	대전에 오를 때 재고 빠른 걸음을 하지 않아도 되게 하였다
63	1-574▽9 列傳4 來伏下風[54]	2-746▽1 왔으니	와서 말석에 앉아 있으니
64	1-574△10 列傳四 遂還國返本[55]從仕	2-746▽11 드디어 환국하여 관직에 나갔는데	드디어 귀국하여 환속하고 벼슬길에 나갔는데
65	1-580▽6 列傳四 嘯合逋亡[56]	2-755▽1 잡혔다가 도망한 사람들을 불러모아	도망한 사람들을 불러모아

53 趨 : 재고 빠른 걸음. '몸을 굽히다'가 아니다. 옛날 예절상 윗사람을 만나러 들어갈 때 잘고도 빠른 걸음을 걸어야 한다.

54 下風 : 낮은 지위나 위치를 비유하다. 탈역.《左傳·僖公15年》: 晉大夫三拜稽首曰: '君履後土而戴皇天, 皇天後土, 實聞君之言, 群臣敢在下風。'

55 返本 : (승려로부터) 환속하다. 탈역.

56 逋亡 : 도망치다, 도망친 사람.《史记·秦始皇本纪》: '發諸嘗逋亡人, 贅壻, 賈人略取陸梁地。' '잡혔다가 도망한 사람'이 아니다.

66	1-580△5 列傳四 捕繫詔獄 投繯死[57]	2-755△11 옥에 잡혀 갇혔다가 교수형을 당하였다.	붙잡혀 옥에 갇혔다가 스스로 목매어 죽는 형을 당했다.
67	1-581▽6 列傳四 若與保臯所負[58]如何?	2-756△11 그대와 [장] 보고의 사이가 어떠한가?	그대와 장보고가 어떻게 서로 등졌는가?
68	1-585▽9 列傳五 下官非不知相公移疾[59]謝客	2-763△5 하관은 상공께서 병환으로 인하여 손님을 사절함을 모르는 바 아니나	하관은 상공께서 병으로 청가서를 바치고 빈객을 사절함을 모르는 바 아니나
69	1-595▽10 列傳六 糟糠之妻 不下堂[60] 貧賤之交不可忘.	2-779△5 조강지처(糟糠之妻)는 뜰 아래에 내려오지 않게 하며, 가난하고 천할 때 사귄 친구는 잊을 수 없다.	조강지처는 쫓아내지 아니하고 가난하고 천할 때 사귄 친구는 잊을 수 없다.
70	1-595△4 列傳六 强首未嘗[61]謀生	2-780▽7 강수는 일찍 이 생계를 도모하지 않아서	강수는 생계를 도모한 적이 없어서

57 投死 : (임금에게 보답한다는 명의로) 자살하다. 曹操《讓縣自明本志令》: "及至袁紹居河北, 兵勢强盛, 孤自度勢, 實不敵之, 但計投死爲國, 以義滅身, 足垂於後." 흑치상지는 이런 명의로 스스로 죽은 것이다. '교수형을 당한' 것과 좀 다르다.

58 負 : 등지다. 저버림을 당하다. '所負'를 북역본은 '믿을 것', 중앙본은 '사이'로 번역했는데 모두 '負' 자의 뜻과 어긋난다.

59 移疾=移病 : 병으로 청가서를 바치다. 또는 벼슬자리에 있는 자가 병을 빙자한 사직 요구.《漢書·公孙弘传》: "使匈奴, 還報, 不合意。上怒, 以爲不能, 弘乃移病免歸."

60 下堂 : 처가 남편의 버림을 받다.《漢語大詞典》제1책 제322페이지【下堂】: '① 謂離開殿堂或堂屋。② 謂妻子被丈夫遺棄或和丈夫離異。' 뒤에 이은 ' 貧賤之交不可忘'으로 보아 의미 ②임이 틀림 없다.

61 未嘗 : '未嘗'을 '일찍이 … 않아서'로 번역하는 것은 바람직하지 않다. '...적이 없다'로 번역해야 맞다. '未嘗'의 오류가 너무 많기 대문에 제2장에서 집중적으로 상세히 취급하련다.

71	1-600▽1 列傳六 戴白持杖[62]	2-786▽7 흰 모자를 쓰고 지팡이를 짚고	허연 머리에 지팡이를 짚고
72	1-600▽3 列傳六 巾衍儲藏[63] 須有良藥以補氣	2-786▽12 옷장에 옷을 가득 채우고 있더라도, 반드시 좋은 약으로 기운을 북돋우고	상자 속 저장품에는 반드시 좋은 약이 있어 기운을 돋우고
73	1-600▽5 列傳六 無不代匱[64]	2-786△11 어느 세대나 없지 않으니 모르겠습니다만	결핍의 대비품이 없어서는 안 되지만
74	1-604△7 列傳七 及旗鼓相當[65]	2-792△4 깃발과 북소리의 진격 명령에 따라	양측이 대적하자
75	1-606△1 列傳七 出萬死[66]以爭一日之命[67]耳	2-796△12 만 번이라도 죽겠다는 각오로 나와서 싸우나 하루살이의 목숨과 같다	하루라도 더 살겠다고 만 번 죽을 모험을 하는 자들이다

62 戴白 : 흰 머리칼, 노인의 대칭.《漢書·嚴助傳》: '天下賴宗廟之靈, 方内大寧, 戴白之老, 不見兵革.' 顔師古注: '戴白, 言白髮在首.' (대백은 머리칼이 흼을 말한다.)

63 巾衍 : 두건이나 책을 넣는 작은 상자, 옷장이 아니다. 儲藏: 저장품, 옷이 아닐 수도 있다.

64 代 : 대체하다, 대용품. 匱: 결핍하다. 無不: 없어서는 안 된다.

65 旗鼓相當 : 양측이 대적하다, 대항하다. 淸李越《風箏誤閨哄》: '妾身初來, 也曾讓他幾次, 怎奈越高越上, 勢不相容, 如今只得與他旗鼓相當.'

66 出萬死 : 만 번의 죽음에 나서다.

67 爭一日之命 : 하루 목숨[의 연장을 위해] 다투다. '하루살이의 목숨과 같다'가 아니다.

76	1-618△7列傳八　故强[68] 與嘉實約	2-814△8 가실과 굳게 약속하였습니다.	가실과 무리하게 약속을 하였다.
77	1-618△5 列傳八　其父老且耄[69]	2-814△2 그 아버지는 늙고 늙어	부친은 늙은 데다가 노망기까지 들어
78	1-623▽7 列傳九　內史張光輔先讓獻誠爲第一[70]	2-822△12 내사(內史) 장광보가 먼저 헌성에게 제1등을 양보하였고	내사 장광보가 먼저 헌성에게 첫 번째로 쏘게 양보하였고
79	1-625▽1 列傳十　子之生也, 見棄於國, 予不忍竊養以至今日[71].	2-825 자네가 태어나 나라에서 버림을 받았는데 내가 차마 하지 못하여 몰래 길러 오늘에 이르렀다.	2-825 자네가 태어나 나라에서 버림을 받았다. 내가 차마 버릴 수 없어, 몰래 길러 오늘에 이르렀다.
80	1-629△2 列傳十　金庾信卷土[72] 歷黃山至泗沘	2-833▽5 김유신이 잃은 영토를 다시 찾기 위해 황산을 지나 사비에 이르러	김유신이 땅을 휩쓸며 황산을 지나 사비에 이르러

68 '强' 字는 'qiáng'으로 읽으면 '강하다'고 'qiǎng'으로 읽으면 '억지로'이다. 중국어에서 '군게 약속하다'를 '强(qiáng)…約'이라 하지 않는다. 이곳은 후자에 속한다.

69 耄 : ① 늙다. ② 정신이 흐리다. ③ 쇠약하고 피로해지다. 이곳은 ②의 뜻이다.

70 활을 맨 먼저 쏘라고 양보한 것이지 1등을 양보한 것이 아니다. 이번 활쏘기 경기에서 서로 양보하다가 결국은 경기를 하지 못하였다. 당연 제1등도 뽑지 못했다.

71 원문의 표점부호는 '子之生也 見棄於國 予不忍竊養 以至今日' 이며 이것을 번역하면 '자네가 태어나 나라에서 버림을 받았는데 내가 차마 몰래 기를 수 없이 오늘에 이르렀다.'가 된다. 즉 기르지 않은 것으로 된다. 마땅히 표점부호를 '子之生也, 見棄於國, 予不忍, 竊養, 以至今日。'로 찍어야 '나는 차마 하여 몰래 길러 오늘날까지 이르렀다'가 된다.

72 卷土 : 땅을 휩쓸다, 땅 껍질을 말듯이[오다]. 석권하다.

81	1-630△7 列傳十 太祖欲權和以老[73]其師	2-834▽10 태조는 우선 화친하여 그 군사를 늙히고자 하여	태조가 임시 화친하여 견훤 군을 피곤케 하고자 하여
82	1-632▽4 列傳十 尺素[74]	2-837▽5 흰 비단에 쓴 좋은 편지	편지
83	1-632▽5 列傳十 今托廻軒 輒敷危衷[75]	2-837▽7 이제 돌아가는 사신 편에 제 뜻을 펴 전하려 하오.	지금 돌아가는 사신 편에 그대의 사기성과 그릇됨을 펴 보이려 하오.
84	1-633▽4 列傳十 僕怨極崩天 誠深却日[76] 誓效鷹鸇之逐 以申犬馬之勤	2-838▽12 왕의 죽음에 대한 저의 원한은 극도에 달하여 해를 우러러 매가 사냥함을 본받고, 견마(犬馬)의 부지런함을 바치기로 참으로 길이 서약했습니다.	저는 임금의 죽음에 원한이 사무치고 삽시에 깊은 성의를 이룩하고 사냥하는 매를 본받고 견마처럼 부지런할 것을 맹세했습니다.
85	1-635▽5 列傳十 顧非震長[77]之才	2-841▽13 나는 뛰어난 재목이 아니니	나는 아랫사람을 따르게 하는 재능이 없으니
86	1-636△8 列傳十 又且歸命[78]乞罪	2-843▽2 또 목숨을 바쳐 처벌을 청했으므로	또한 투항하며 처벌을 청했으므로

73 老 : 피로하다.《國語・晉語4》: '且楚師老矣, 必敗, 何故退?' 韋昭注: '老, 罷也。圍宋久, 其師罷病。'(老, 피로하다. 송나라 군사를 오래도록 포위하였으므로 그들이 피로해졌다.)

74 尺素 : 편지.《한어대사전》제4책 제8페이지【尺素】: '① 小幅的絹帛。② 指書信。'문장의 내용으로 보아 이곳은 '편지'라는 뜻으로 보아야 바람직하다.《周書・王褒传》: '猶冀蒼雁頳鯉, 時傳尺素; 清風朗月, 具寄相思。' '흰 비단에 쓴 편지'가 아니다.

75 危枉 : 사기와 그릇됨. 탈역. '危'는 '詭'(사기)의 차용자. 王念孫《讀書雜誌・史記四》: '危讀爲詭。詭, 詐也。'(危 자를 詭 자로 보아야 한다. 詭, 사기 치다.)《한어대사전》제2책 제520페이지 '危' 자 참조.

76 却日 : 이른 시일, 잠깐 사이. '却'은 '隙'의 차용자.《莊子・養生主》: '依乎天理, 批大却, 導大窾, 因其固然。' 陸德明《釋文》: '却, 去逆反, 間也。'(각, 거역반, 간격이다.)《莊子・知北遊》: '人生天地之間, 若白駒之過却, 忽然而已。' 陸德明《釋文》: '却, 本亦作隙。' 옛날 '隙日(햇빛이 틈을 지나는 시간)'과 '隙駒(말이 틈을 지나는 시간)로 아주 짧은 시간을 비유했다.

77 震長 : 아랫사람이 윗사람을 따르다.《周易・六五・歸妹》注: '兌少。震長, 以長從少, 不如以少從長之爲美也。'(진장은 윗사람이 아랫사람을 따르는 것은 아랫사람이 윗사람을 따르는 것만 못하다)에서 유래한 것.

78 歸命 : 귀순하다, 투항하다. 漢賈誼《上疏陳政事》: '諸侯之君不敢有異心, 輻湊並進而歸命天子。'

제二장
《역주 목민심서》
오역 예해

(주)창비에서 2018년 11월에 출판한《역주 목민심서》의 전면 개정판(이하 '창본'으로 약칭함)을 취급하였다. 제7권은 한문 원문이고 제1~6권은 한글 번역문이다.

　7-28▽3은 제7책 원문의 28페이지 위로부터 아래로 헤아려 제3행이란 뜻이고 7-16△10은 제7책 원문의 제16페이지 아래로부터 위로 헤아려 제10행이란 뜻이다. 1-38△7은 번역 편 제1책 제38페이지 아래로부터 위로 헤아려 제7행이라는 뜻이고 1-39▽1은 번역 편 제1책 제39페이지 위로부터 아래로 헤아려 제1행이라는 뜻이다.

　아래에《역주 목민심서》의 오류 일부를 추려서 간단한 해설을 달았다. 어떤 것은 해설을 달지 않았다. 원문, 번역문의 순서에 따랐으나 예8·예9의 '蚤', 예14·예15의 '怪' 등 개별적인 단어는 뜻이 같으므로 순서를 무시하고 한데 묶어서 해석하였다.

번호	원문 창본 제7책 원문 편	역문 창본 제1~6책 번역 편	필자의 수정 번역문 미간행
1	7-11▽1 先朝嘗嚴禁, 政院 為之酌定其數, 命不得加減¹。	1-38△7 선조께서 일찍이 이를 엄금하여 승정원에서 예전의 액수를 정하여 가감하지 못하도록 하였다.	정조가 엄금하였으며 승정원에서 예전의 액수를 정하여 가하지 못하게 한 적이 있다.
2	7-11▽4 "爾得腴邑, 將²食 民膏, 其餉內隷" 非禮也。	1-39▽1 "너는 기름진 고을을 얻어서 장차 백성의 고혈을 먹을 것이니 내예를 대접하게 하라"라고 하는 것은 예가 아니요,	"너는 기름진 고을을 얻어서 백성의 고혈을 먹을 것이니 내예를 대접하게 하라"라고 하는 것은 예가 아니요,
3	7-16△10 曾經³侍從及堂上官, 並勿署經。	1-63▽4 일찍이 시종 및 당상관을 역임한 자는 서경을 받지 않는다.	시종 및 당상관을 역임한 적이 있는 자는 서경을 받지 않는다.
4	7-28▽3 事額既⁴免, 實未塡 代者,	1-108▽8 군포 바치는 의무가 이미 면제되었으나 그것을 대신 바칠 사람이 정해지지 않는 경우	군포 바치는 의무가 면제되었으나 대신 바칠 사람이 실로 정해지지 않는 경우
5	7-36▽9 以此嗔恚, 亦少見 而多怪⁵也。	1-134△3 그렇다고 해서 꾸짖고 화를 낸다면 역시 견문이 좁고 괴팍한 것이다.	이로써 꾸짖고 화를 낸다면 역시 견문이 좁아 괴상하게 여길 뿐이다.

1 加減 : 편의사偏義辭, '가'가 원 뜻이고 '감'은 들러리다.

2 將 : …게 되다. '장차'로 번역하는 것은 적합지 않다. '將'에 관해서는 뒤의 제3장에서 상세히 취급하련다.

3 曾經 : …적이 있다. '曾經'을 '일찍이'로 번역하는 것은 적합지 않다. '曾經'에 관해서는 뒤 제2장에서 상세히 취급하련다.

4 既 : 이미 지나간 일을 말하지만 '면제되었으나'의 '었', 즉 형태소 '-쓰'이면 충분하지 '이미'로 번역할 필요가 없다. '既'에 관해서는 뒤 제3장에서 상세히 취급하련다.

5 怪 : 이상하게 보다(현대 중국어). '괴팍하다'가 아니다. 주체가 괴팍한 것이 아니라 객체를 이상하게 보는 것이다. '少見而多怪'는 현

대 중국어의 상용어로서 '견문이 좁아 일에 어둡다'라는 뜻으로 쓰인다.

6	7-39▽3 早晚閒[6]看	1-143△6 아침저녁으로 한가로이 읽었다.	아침저녁 짬짬이 읽었다.
7	7-42△12 其中一[7]有飢寒困乏, 或罹於刑獄, 號呼顚連, 視天無光, 慘然無生世之樂者, 一[8]聞鼓樂之音, 必縬頞努目, 詬於路而詛於天矣。	1-154△3 그중에 한 사람이라도 춥고 배고파 고달프거나 벌을 받아 울부짖고 쓰러져서, 하늘을 보아도 감감하고 참담하여 세상 살아갈 즐거움이 없는 자가 있으니, 풍악 소리를 들으면 반드시 이맛살을 찌푸리고 눈을 부릅뜨며 길바닥에다 욕을 퍼붓고 하늘을 저주할 자가 있을 것이다.	그중에 일단 배고프고 춥고 고달프거나 형옥에 걸리어 울부짖고 헤매며 하늘을 보아도 빛이 없고 참담하여 세상 살아갈 즐거움이 없는 자가 있다면 풍악 소리를 들기만 하면 반드시 이맛살을 찌푸리고 눈을 부릅뜨며 길바닥에다 욕을 퍼붓고 하늘을 저주할 것이다.
8	7-44△2 吾平日亦好看書。若居官則束書庋之, 蚤[9]夜專心公事而已。	1-162△3 내가 평일에는 역시 책 보기를 좋아하지만, 벼슬살이 할 적에는 책을 묶어 책장에 넣어두고 마음을 공적인 일에 오로지할 뿐이다.	내가 평일에는 역시 책 보기를 좋아하지만, 벼슬살이 할 적에는 책을 묶어 시렁에 두고 아침과 밤에 마음을 공적인 일에 오로지할 뿐이다.
9	7-78▽9 蚤[9]知如此, 誰其食之?	1-271▽7 이럴 줄 알았으면 누가 그걸 먹었겠나.	일찍이 이럴 줄 알았으면 누가 그걸 먹었겠나.
10	7-55△5 角[10]斗甬	1-195△7 두용斗甬을 비교하고	두용斗甬을 고르게 하고

6 閒 : '間'의 이체자. '閒' 자를 '閑' 자로 착각하여 생긴 오류이다. 현행 한국 컴퓨터 아래 한글 프로그램에도 '閒' 자를 '閑' 자로 혼돈하여 쓰고 있는데 시정하기 바란다.

7 一 : 부사. 일단, …기만 하면(현대 중국어). 수사가 아니므로 '한 사람'이라 번역하면 오류이다. '한 사람이라도'는 중국어로 '卽使有一人'으로 표현하게 된다. 부사 '一'을 수사로 잘못 번역한 데 관해서는 제2장에서 상세히 설명하려다.

8 一 : 부사. '…기만 하면'. '一'의 부사 용법에 관해서 제2장에서 상세히 취급하련다.

9 蚤 : '早' 자의 차용자. 아침, 일찍이.

10 角 : 말에 담은 곡식을 고르게 하는 도구, 고르다, 고르게 하다. 《禮記 · 月令》: '[仲春之月] 日夜分, 則同度量, 均衡石, 角斗甬, 正權概。' 鄭玄注: '同, 角, 正皆謂平之也。'(同, 角, 正은 모두 고르게 하다 는 뜻이다.)

11	7-61▽4 賢弟雖泣乞團聚, 兄宜掉頭[11]。	1-215▽3 아우가 비록 눈물을 흘리며 함께 지내자고 만류하더라도 형 된 사람은 마땅히 머리를 흔들고 떠나야 할 것이다.	아우가 비록 눈물을 흘리며 함께 있자고 애걸하더라도 형은 마땅히 발길을 돌려야 한다.
12	7-74△6 宋何須爲安漢令, 去官時巴土饑, 送吏[12]取民芋以自給, 隨卽以線繫其處償直。	1-260△3 송나라의 하수는 안한령으로 있었다. 고을살이를 그만두고 떠날 때에 파딘 지방에 기근이 들자 하서는 아전을 보내 백성들의 토란을 캐어 먹고 그 자리에다 실로 돈을 매달아 값을 치러주었다.	송나라의 하수는 안한령으로 있었다. 고을살이를 그만두고 떠날 때 파에 기근이 들었다. 전송하는 아전이 백성의 토란을 캐 먹었으니 하수는 그 자리에 실로 돈을 매달아 값을 치렀다.
13	7-81▽7 鄭萬和累按藩臬, 所至儲畜盈溢。於始至其羨餘, 至不可勝數[13],	1-279▽6 정만화는 여러 차례 감사를 역임했는데 가는 곳마다 비축이 가득 차서 넘칠 지경이 되었다. 처음에는 약간 남았으나 나중에는 헤아릴 수 없을 만큼 남게 됨에	정만화鄭萬和는 여러 번 감사를 지냈는데 가는 곳마다 비축이 처음 부임할 때보다 넘쳤으며 헤아릴 수 없을 만큼 남을 정도에 이르렀다.
14	7-111▽8 觀察使遣判官督賦, 至州[14]城不迎, 以問吏,	1-386△4 관찰사가 판관을 보내어 부세를 독촉하였다. 판관이 도주에 이르렀는데 양성이 마중을 나오지 않아 이를 괴이하게 여겨 아전에게 물었다.	관찰사가 판관을 보내어 부세를 독촉하였다. 판관이 도주에 이르렀는데 양성이 마중 나가지 않음을 책망하며 아전에게 물었다.
15	7-494△10 汝亦久勞, 無怪[14]其然。	5-65△2 네가 오랫동안 피로했던 모양이구나. 이렇게 된 것도 이상하지 않다.	너 역시 오랫동안 피로했을 것이니 그렇게 된 거 나무람 않겠다.

11 掉頭 : 외면하다; 되돌아가다(현대 중국어). '머리를 흔든'다가 아니다.

12 送吏 : 명사, 전송하는 관리. '아전을 보내'가 아니다. 何須가 관직을 마치고 돌아갈 때 전송하는 안한현의 아전들이 백성의 토란을 캐어 먹은 것이다.

13 이 문장은 표점부호를 잘못 찍어서 뜻을 완전히 잘못 이해했으며 따라서 번역도 틀렸다. 표점부호를 이렇게 찍어야 맞다: 鄭萬和累按藩臬, 所至儲畜盈溢於始至, 其羨餘至不可勝數。

14 怪 : 책망하다, 원망하다, 나무람하다(현대 중국어). '괴이하게 여기다'가 아니다.

16	7-138△7 逢損廚傳[15], 屛聲妓。	2-69▽7 그는 주방의 음식을 줄이고 풍악과 기생을 물리쳤으며	過客의 음식과 驛舍에 제공하는 주전을 줄이고 풍악과 기생을 물리쳤으며
17	7-145▽4 公先戒吏為火備, 有失火[16]者, 使隨救之, 勿白[17]以動衆[18]。	2-95▽6 그는 미리 관리들에게 화재에 대한 방비를 철저히 하도록 지시했다. 혹 실수하여 불을 내는 일이 있다 해도 그들이 급히 달려 가서 불을 끄게 하고, 화재가 알려져 사람들이 동요하는 일이 없도록 한 것이다.	그는 미리 아전들에게 화재에 대한 방비를 해 놓게 하였다. 불이 나면 그들더러 제때에 끄게 하였으며 헛되이 사람들을 움직이게 하는 일이 없도록 하였다.
18	7-161△7 余嘗使一走卒, 見其煩辦捷, 使之稍[19]勤[20], 下人卽有趨重[21]之意。	2-151 내가 일찍이 한 관노가 민첩해서 부렸더니, 다른 하인들이 달리 여겼다.	나는 한 관노를 부린 적이 있으며 그가 민첩해서 점점 자주 부렸더니 하인들이 그를 중용한다고 여겼다.
19	7-170△8 及賜被劾當免, 掾屬悉投刺[22]去, 恢詣闕獨爭之,	2-180△1 양사가 탄핵을 받고 면직되자 아전들은 모두 버리고 떠났으나 동회 홀로 대궐로 나아가 따져서 …	양사가 탄핵을 받고 면직되려 하자 아전들은 모두 명찰을 버리고 떠났으나 동회는 대궐에 가서 홀로 간쟁하였다.
20	7-235▽13 其他奸弊, 更僕難數[23]。	3-19△1 그 밖의 간교한 폐단은 여러 사람을 동원해도 다 세기 어렵다.	그 밖의 간교한 폐단은 계산해도 헤아리기 어렵다.

- 40 -

15 廚傳 : 고대 과객過客의 숙식과 차마車馬를 제공하는 곳.《漢書・王莽傳中》: '吏民出入，持布錢以副符傳，不持者，廚傳勿舍，關津苛留.' 顏師古注: '廚，行道飲食處; 傳，置驛之舍也。'('廚'는 길 가던 사람이 식사하는 곳이고 '傳'은 역참에 차려놓은 잠자리이다.)

16 失火 : 불이 나다, 화재가 나다(현대 중국어). '실수하여 불이 나다'가 아니다. 누가 방화하였어도 '失火'에 속한다.

17 白 : 헛되이, 공연히(현대 중국어). 탈역.

18 動 : 움직이다. 動衆: 군중을 움직이다(현대 중국어). 군중을 발동하다. '동요하다'가 아니다.

19 稍 : 점점.

20 勤 : 잦다, 빈번하다. 탈역.

21 趨重 : 편중하다, 중요시하다.《洪秀全演義》第二一二: '將來天下大勢, 必趨重海權。'(앞으로는 천하대세에 반드시 해상의 권한을 중요시할 것이다.) '달리 여겼다'가 아니다.

22 投刺 : 명함을 던지다.

23 更僕難數 : 너무 많아 헤아리기 어렵다.《漢語大詞典》제1책 제531페이지【更僕難數】: '形容事物繁多數不勝數。'(사물이 너무 번다하여 다 헤아리지 못하다.)

21	7-238▽11 羅里鋪之頻移, 銷刻[24]太煩, 濟民倉之旋[25]廢, 得失何居?	3-27△3 나리포를 자주 옮김으로 해서 시책 상의 번덕이 너무 잦다. 제민창濟民倉을 도로 폐지하는 것은 득실이 어떠한가?	나리포를 자주 옮기며 너무 번거롭게 침식하고 떼어먹는다. 제민창을 이내 폐지하는 것은 득실이 무엇인가?
22	7-246△5 今無文, 可知姑闕之[26]。	3-49▽6 이제 표기하지 않더라도 잠시 빈 것임을 알 수 있다.	지금 숫자가 없어 알지 못하니 잠시 비운다.
23	7-267△1 百家之村, 草屋黃鮮, 煙火青[27]新, 此所謂富村也。	3-107△6 100가가 있는 마을에 초가지붕의 노란빛이 선명하고 굴뚝에서 푸른 연기가 오르면, 이는 부촌이다.	100가가 있는 마을에 초가지붕의 황색이 선명하고 굴뚝의 검은 연 기가 새로우면 이는 이른바 부촌이다.
24	7-280△1 不可以无统, 合立保長令, 庶眾志齊 為此仰咐案回司, 即行, 各道守巡兵備等官, 備行所屬各府州縣[28],	3-142△3 그러나 향촌에서 도적이 침입하는 변이 일어나면 지휘계통이 없어서는 안 될 것이니, 보장을 세워서 감독 명령하게 하면 대체로 뭇 사람의 뜻이 한결같이 될 것이다. 이렇게 하기를 바란다. 각 패의 초안이 관가에 들어오면 곧 실시하되 각 도의 행정·감독·군사를 맡은 관원이 그 소속 각 부·주·현으로 고루 다니면서	도적이 침입하는 변이 일어나면 통합이 없으면 안되므로 보장을 세워 감독 명령하면 아마 뭇 사람의 뜻이 한결같이 될 것이다. 이렇게 하기 위하여 초안을 관가에 베껴 들여와 실시하기 바란다. 각 도의 수호, 순라병을 대비하는 등 관원은 그 소속 각 주·부·현으로 고루 다니면서
25	7-288▽11 春之季·夏之中, 編葦甕鮓; 秋之夕[29]·歲之終, 擊鮮割牲, 以饋乎先進之室, 斯何出也?	3-168△1 늦봄이나 한여름에 건어물 드름과 젓 단지, 가을밤이나 세밑에 생선과 황육을 선배들의 집으로 선사하고 있으니 이는 어디서 나오는 것인가?	늦봄이나 한여름에 건 어물 드름과 젓 단지, 늦가을이나 세밑에 생선과 황육을 선배들의 집으로 선사하고 있으니 이는 어디서 나오는 것인가?

24 **銷刻** : 침식하고 떼어먹다. 탈역. 宋葉適《國子監主簿周公墓誌銘》: '軍士食錢, 主兵官銷刻幾盡矣。'

25 **旋** : 얼마 안 가서, 즉시. '도로'가 아니다.

26 '今無文, 可知姑闕之'의 표점부호를 '今無文可知, 姑闕之'로 찍고 위와 같이 번역하여야 한다.

27 **青** : 검은색. 문헌에 青을 검은색으로 쓴 예가 많다. 青牛(검은 소), 青烏(검은 까마귀), 青眼, 青眸, 青睛(검은 눈동자), 青絲(검은 머리칼). 青煤(소나무 탈 때의 검은 연기). 또한 연기가 푸를 수 있는지

도 의문이다. 그러므로 이곳의 '煙火青新'을 '검은 연기가 새롭다'로 이해하는 것이 바람직하다.

28 위 문장의 표점부호를 '遇有盜賊之警, 不可以无统合, 立保長督令, 庶衆志齊一。為此, 仰抄案回司, 即行各道。守巡兵備等官, 備行所屬各府州县...'으로 찍고 필자의 수정번역처럼 번역해야 바람직하다.

29 **秋之夕**: 늦가을. 앞문의 '春之季(늦봄)', '夏之中(한여름)', 뒷문의 '歲之終(세밑)'과 대응되므로 '늦가을'이어야 한다. '가을밤'이 아니다.

26	7-301△1　且戢官吏, 絕其侵漁[30]。	3-209▽1 관리들을 단속하여 어물의 수탈을 근절시켰다.	관리들을 단속하여 침탈을 근절시켰다.
27	7-321△6　積茭必更[31] 圍柵【茭在柵中, 令羊繞柵拈[32]食】,	3-270▽8 마름 풀을 반드시 우리 주위에 쌓아두어야 하며【양이 우리를 돌면서 우리 안에 있는 마름 풀을 집어 먹도록 한다.】	마름을 반드시 우리 바자에 끼워 넣어야 하 며【마름이 바자 안에 있으며 양으로 하여금 바자를 돌면서 당겨 먹도록 한다).
28	7-341△11　帝嘗幸其宅, 蒸豚[33]甚美。	3-343 임금이 언젠가 왕제의 집에 행차하였는데 살진 돼지가 맛이 아주 좋았다.	임금이 왕제의 집에 행차한 적이 있는데 쪄서 익힌 작은 돼지 맛이 아주 좋았다.
29	7-356▽12 不得舍[34]奸人, 閭里有非常事, 輒聞知。	4-18△8 간악한 사람은 함께 살 수 없게 하였으며 민간에 비상한 일이 발생하면 곧 보고하도록 하였다.	간악한 사람을 집에 재울 수 없게 하였으며 민간에 비상한 일이 발생하면 곧 보고하도록 하였다.
30	7-361△9 時私醞醋之禁其嚴	4-34▽3 그때 사사로이 술 담그는 일을 매우 엄하게 금하였다.	그때 사사로이 초 담그는 일을 매우 엄하게 금하였다.

30 **侵漁** : 침탈하다. 《漢書・宣帝紀》: '今小吏皆勤事, 而奉祿薄, 欲其毋浸漁百姓, 難矣。' '어물을 수탈하다'가 아니다.

31 **更** : '梗'의 차자, 끼우다.

32 **拑** : 당기다(현대 중국어).

33 **蒸豚** : 쪄서 익힌 작은 돼지. '蒸豚'은 《맹자》에도 등장하는 유서 깊은 음식이다.

34 **舍** : 거주하다, 투숙하다. 《史記・商君列傳》: '商君亡至關下, 欲舍客舍。' '함께 살다'가 아니다.

31	7-365△1 雖父母病, 皆去望舍, 投餌哺之³⁵。	4-48 부모가 병이 들어도 다들 집을 떠나가서 바라보며 밖에서 음식을 던져주고	부모가 병이 들어도 다들 집을 떠나가 집 안을 바라보며 음식을 던져주어 먹인다.
32	7-371△7 不用心者, 觀察使檢覈, 以憑殿最³⁶。	4-70△8 마음 쓰지 않는 수령에 대해서는 감사가 조사하여 고과의 자료로 삼는다.	마음을 쓰지 않는 수령은 관찰사가 조사하여 고과 꼴찌의 증빙으로 삼는다.
33	7-374▽4 令背誦⁷其痏書	4-77▽8 읽은 글을 돌아앉아 외우게 했으며,	…읽은 글을 외우게 했으며,
34	7-▽3 主人從³⁸門東入, 實從門西入。	4-89▽6 주인이 문을 따라 동쪽으로 들어가면 빈 문을 따라 서쪽으로 들어간다.	주인이 문 동쪽으로부터 들어가면 손님은 문의 서쪽으로부터 들어간다.
35	7-398△8 如魚在沙, 如蚓在灰而後, 快於心哉?	4-160△11 마치 물고기가 모래 밭에 누워 있는 것같이 된 후라야 마음이 시 원하겠는가?	마치 물고기가 모래 위에, 지렁이가 재 위에 있는 것 같아야 마음이 시원하겠는가?

35 표점부호를 '雖父母病, 皆去, 望舍投餌哺之。'로 찍고 '…집 안을 바라보며 음식을 던져주어 먹인다'로 번역해야 한다.

36 **殿最** : 과거시험에서 꼴찌와 최고. 본문은 마음을 쓰지 않은 사람을 논하였으므로 殿最를 편의偏義 사로 보고 꼴찌라 인식하여야 바람직하다.

37 背誦 : 외우다(현대 중국어). '돌아앉아 외우다'가 아니다. '背'에 '돌아앉다'라는 뜻이 없다.

38 從 : '從'은 동사 '따라'가 아니라 개사(전치사) '...로부터'이다. (현대 중국어)

36	7-409▽2 然法例明白, 何可拱手[39]以獻之?	4-188▽6 하지만 법례가 명백한데 어찌 손도 못 쓰고 바치기만 할 것인가?	하지만 법례가 명백한데 어찌 두 손으로 고스란히 바치기만 할 것인가?
37	7-409△11 事之寃枉,[40] 莫此爲甚。	4-189△5 일이 억울하고 그릇된 것이 이보다 더 할 수 없다.	일의 억울함이 이보다 더 심한 것이 없다.
38	7-421△6 弦弛而弓已折。	4-227△2 시위를 당기면 활이 먼저 부러진다.	활시위는 느슨해졌고 활은 이미 부러졌다.
39	425▽6 打碎轆轤關諸骨	4-239▽9 등뼈를 두들겨 부순다.	여러 관절뼈를 두들겨 부순다.
40	7-427▽4 以爲本朝鄙夷[41]西民，西民因亦自畫[42]，不有以作興振發，是棄西民也。	4-244△3 조정이 평안도 사람들을 변방민으로 여겼고 평안도 사람들 또한 이 때문에 스스로 출세하기를 단념하고 있었다. 사기를 진작시키지 않으면 조정이 평안도민을 버린 것이나 마찬가지라고 생각했다.	조정이 평안도민을 업신여긴다고 여기고 평안도 사람들도 이 때문에 자비감을 가진다. 그들을 진작시키지 않으면 평안도민을 버리는 셈이다.

39 拱手 : 두 손을 맞잡고 공손히 인사하는 동작. 순순히, 고스란히 (현대 중국어).

40 寃枉 : 억울하다(두 글자가 합쳐서 한 개 단어. 현대 중국어). '억울하고 그릇됨'이 아니다.

41 鄙夷 : 경시하다, 얕보다, 업신여기다. '변방민으로 여기다'가 아니다.

42 自畫 : 주눅 들다. 명나라 文徵明 《送周君振之宰高安序》: '振之 行矣, 其無以鄕貢自畫。' '스스로 출세하기를 단념하다'가 아니다.

41	7-428▽1 張有闊狹, 左胜[43]右膊, 還腹當心, 安箭高擧手,	4-247△10 당기는 데는 넓고 좁음이 있다. 왼쪽으로 위 부위에서 오른쪽으로 어깨까지 펼쳐서 배 쪽으로 당겨 화살을 가슴에 닿도록 안착시키고 높이 손을 들어	펼치는 데는 넓고 좁음이 있으니 왼쪽 허벅다리에서 오른쪽 어깨까지 펼치고 배와 가슴 쪽에 돌아와 화살을 안착시키고 손을 높이 추켜들어
42	7-458▽8 醉其嫂而嫁[44]之,	4-349△8 형수를 술에 취하게 해서 다른 자를 시켜 겁탈하고는	형수를 술에 취하게 하여 팔아버리고
43	7-458△3 事了矣。俄將[45]棺至。	4-351△5 일이 다 끝났다. 곧 관이 도착할 것이다.	일이 다 끝났다. 곧 관을 가져올 것이다.
44	7-464▽8 盜糶倉粟	4-368▽6 창고의 곡식을 몰래 타갔다.	창고의 곡식을 훔쳐 팔았다.
45	7-482▽2 此應賞典, 願竄[46]吏, 吾以聞。	5-24△7 이는 응당 상전을 받을 만한 일이요 바라건대 아전들을 귀양보내시오. 내가 조정에 보고하겠소	이것은 상전을 받을 만한 일이니 아전들을 부추깁시다. 내가 보고 하겠소

43 胜 : 허벅다리. 胜에는 허벅다리, 위胃 두 가지 뜻이 있지만 앞에 '넓'다는 이야기가 있으므로 허벅다리로 보는 것이 맞다. 활을 배에서 오른쪽 어깨까지 당기는 것을 '넓'다로 보기 어렵다.

44 嫁 : 팔다.《戰國策・西周策》: '臣恐齊王之爲君實立果, 而讓之於最, 以嫁之齊也。' 姚宏注: '嫁, 賣。'

45 將 : 동사. 가져오다, 가져가다.

46 竄吏 : 아전들을 부추기다, 아전들을 충동질하다.《한어대사전》제8책 제482페이지 竄(11): '慫恿(부추기다).'《醒世恆言・陳多壽生死夫妻》: '這都是王三那老烏龜一力竄掇, 害了我女兒終身。' '아전들을 귀양 보내다'가 아니다.

46	7-482△11 每行縣錄囚[47] 還, 母問 '平反幾何?'	5-26▽4 매양 관내를 순행하면서 죄수의 이름을 기록해 가지고 돌아왔는데, 그의 모친이 잘못 평반한 건이 얼마나 되는가를 물었다.	관내를 순행하면서 죄수를 심사하고 돌아올 때마다 모친은 "잘못 판결한 것을 얼마 시정해주었나?" 묻곤 하였다.
47	7-485▽10 盡十二月, 郡中無母聲[48], 母敢夜行, 野無犬吠之盜[49].	5-36▽4 12월이 다하도록 관내에는 자식 찾는 어미의 소리가 들리지 않고 밤에는 사람의 통행이 끊어져서 들에는 개 짖는 소리도 들리지 않았다.	12월이 다하도록 관내에는 인적이 없고 밤에는 감히 다니지 못하며 들에는 좀도둑도 사라졌다.
48	7-528▽2 使陛下赤子, 盜弄陛下之兵於潢池中耳[50].	5-177△8 폐하의 백성들로 하여금 폐하의 병기를 훔쳐 황지에서 날뛰게 한 것입니다.	폐하의 백성들로 하여금 폐하의 병기를 훔쳐 반란을 일으키게 하는 것입니다.
49	7-537△7 循慮囚無一言[51].	5-209▽4 공순은 죄수들이 한 마디 말도 없는 것이 마음에 이상했는데	공순이 죄수들의 죄행을 점검하는데 한 마디 말도 없었다.
50	7-558△4 史起爲鄴令【襄王時】, 決漳河灌田, 鄴民大怨欲籍起[52], 起不敢出而避之.	5-281△10 사기가 업령으로 있을 때【위나라의 양왕襄王 시절】장하의 물을 터서 농지에 물을 대려 했더니 그곳 백성들이 소요를 일으켜서 나가지 못하고 몸을 피했다.	사기가 업령으로 있을 때 장하의 물을 터서 농지에 대려 했으나 업의 백성들이 그를 크게 원망하였다. 사기의 도움을 받으려 하였지만 사기는 감히 나오지 못하고 피해 있었다.

47 錄囚: 범인의 죄질을 식별하다. '이름을 기록하다'가 아니다. 《한어대사전》 錄: '省察; 甄別。'(성찰하다. 식별하다).《新唐書·蔣欽緒傳》: '開元三年, 以御史中丞錄河南囚。' 清兪正燮《癸巳類稿韓文靖公事輯》: '後主嘗……親錄囚徒, 原貸甚衆。'

48 無母聲: '母聲'의 오류이다.《사기史記·혹리열전酷吏列傳》: '盡十二月, 郡中母聲, 母敢夜行, 野無犬吠之盜.' 이것이 본문의 출처이다. 다만 '母聲'이 '無母聲'으로 와전되었다. '無母聲', '어미의 소리가 들리지 않다'는 무슨 뜻인지 이해가 가지 않는다. 정다산의 저서를 전승할 때 생긴 서사 상의 오류임이 틀림없다.

49 犬吠之盜:《한어대사전》제5책 제2페이지【犬吠之盜】: '指穿窬之

盜; 小偷。'(담을 넘어가 훔치는 도둑, 좀도둑.)

50 潢池弄兵 : 반란을 일으키다. 潢池赤子: 반란을 일으키는 백성.
《漢書・循吏傳・龔遂》: '海瀕遐遠, 不霑聖化, 其民困於飢寒而吏不恤,
故使陛下赤子盜弄陛下之兵於潢池耳。'

51 '循慮囚無一言'의 표점부호를 '循慮囚, 無一言'으로 찍고 위와
같이 번역해야 한다.

52 欲籍起 : 사기의 도움을 받으려 하였다. 탈역. 籍: 빌리다, 도움
을 받다.

51	7-559▽3 瑗為開溝[53]灌稻, 萑蒲之地, 更為沃壤。	5▽282 그가 물길을 열어 벼에 물을 대게 하였더니 황무지가 다시 옥토로 변하였다.	그가 도랑을 파고 벼에 물을 대니 황무지가 다시 옥토로 변하였다.
52	7-574△3 唯免老穉。	5▽335▽5 오직 노약자는 면제했다.	오직 노인과 어린이만 면제하여 주었다.
53	7-576▽4 不得已而不為者, 與可已而不已者, 其失同。	5▽338△5 꼭 해야 할 것을 하지 않는 자와 해서는 안될 것을 하는 자는 그 잘못이 같을 것이다.	할 수 없어 안 하는 자와 할 수 있으나 안 하는 자는 그 잘못이 같다.
54	7-585△6 因年有秋, 因府無事, 軍逸農隙, 人思賈餘[54]。	5▽373△2 농사가 풍년이 들고 관부에는 별일이 없어 군사들은 농한기를 안일하게 보내고 사람들은 과외 소득을 생각하였다.	농사가 풍년 들고 관부에는 일이 없으며 군사는 안일하므로 농한기에 사람들은 여력을 쓸 생각을 한다.
55	7-593▽1 銅匙, 厚如爺頭[55], 口小者不可含。	5▽396△1 놋쇠 숟가락의 두께가 노인 머리만 하여 입이 작은 자는 입에 넣을 수도 없는 지경이다.	구리 숟갈의 두께가 도끼만 하여 입이 작은 자는 물 수도 없다.

53 開溝 : 물도랑을 파다(현대 중국어). '물길을 열다'가 아니다.

54 賈餘 : 여력을 과시하다(炫示餘勇); 여력을 쓰다(用其餘力). 그리
고 이 문장의 표점부호를 '因年有秋, 因府無事, 軍逸, 農隙人思賈
餘。'로 찍는 것이 바람직하다.

55 爺頭 : 斧頭(도끼머리, 현대 중국어)의 오류인 듯. ① '爺頭'를 그대로 번역하면 할아버지의 머리이다. 아무리 과장적 술법을 쓰더라도 예의상 숟가락을 할아버지의 머리에 비교할 수 없을 듯하다. ② 숟갈은 납작한 물건인데 구형球形의 머리에 비교할 수 없을 듯하며, 도끼의 머리에 비교하면 적합할 듯하다. ③ '爺' 자와 '斧' 자가 형태상 비슷하며 '斧' 자는 비교적 생소한 한자이다. 전승 과정에서 오류가 생겼을 가능성이 있다.

56	7-599▽7 歲歉, 惡米不繫[56], 家人春之,	6▽21△10 흉년이 들어 거친 쌀을 그의 부인이 찧으려고 하자.	흉년이 들어 찧지 않은 쌀을 꺼려 부인이 찧으려고 하자.
57	7-608▽2 出榜曉示, 米牙人不得減剋, 分文客人, 自行出糶[57]。	6▽46▽6 방을 내걸어 타일러서 쌀 중간상들이 값을 깎지 못하도록 하고 객인客人(밖에서 들어온 상인)에게 문권을 나누어 주어 스스로 다니면서 곡식을 판매하도록 했는데	방을 내걸어 쌀 중간 상인들이 값을 한 푼도 깎지 못하도록 알리고 객인이 스스로 다니면서 곡식을 판매하도록 하라.
58	7-608▽4 欲望勻慈, 嚴行禁戢	6▽46△9 바라옵건대 상사께서는 엄히 금지, 단속하여 주십시오.	바라건대 균등하게 자애를 베풀며 엄격히 금지, 단속 하십시오.
59	7-612▽14 立賞格	6▽61▽3 상을 마련하여	포상의 표준을 세우고
60	7-632△9 交訖, 用紅印於曆內, 本日合糶米, 數下之右[58]。	6▽119△8 돈 내는 것이 끝나면 역두 안에 붉은 도장을 찍고 당일 구매할 쌀의 양대로 지급한다.	돈을 낸 후 역두 안—당일 구매할 쌀 수량의 오른쪽에 붉은 도장을 찍는다.

56 惡米不繫 : 찧지 않은 쌀을 꺼려. 이 말의 문장 성분을 설명하면: '惡　米不繫'이다. '惡米'는 '거친 쌀'이 아니다.
　　　　술어　목적어

57 표점부호를 '出榜曉示, 米牙人不得減剋分文, 客人自行出糶'로 찍고 번역도 위와 같이 해야 한다. '分文', '[돈] 한 푼'(현대 중국어 상용어).

58 '用紅印於曆內——本日合糶米數下之右'로 쓰는 것이 바람직하다.

61	7-633△4 下距芒種之麥[59], 其殺靑之期不差。	6-122△6 아래로는 망종 때 보리가 익는 것과 살청의 시기가 다르지 않다.	아래로는 망종 때 밀의 푸른 색이 없어지는 때와 틀리지 않다.
62	7-653▽10 有以麵食者, 取啖[60]螫口, 澀腹嘔逆, 移日。	6▽173△7 국수를 만들어 먹은 사람들 중에 가래가 끓고 입이 부르트며 배가 뒤틀리고 구토를 하는 자가 있는...	국수를 만들어 먹은 자는 씹을 때 입을 찌르는 듯하고 뗩으며 배가 며칠 구토하였다.
63	7-653△9 以厚朴炒豆為屑, 以開飢民胃[61]口, ...東南之民, 胃口旣開。	6▽174△7 후박과 볶은 콩을 가루로 만들어 굶주린 백성들의 다물린 입을 열리게 만들었고...동남지방 백성은 다문 입이 열렸고...	후박과 볶은 콩을 가루로 빻아 기민의 입맛을 돋구어 주었고 ...동남지방 백성들의 입맛이 돋구어졌고...
64	7-662△9 酒醴濃薰	6▽203△7 술과 식혜 향긋한데	짙은 술은 향기로운데
65	7-662△9 雜麵饅[62]只	6▽203△7 국수, 만두도 놓여 있네.	국수와 빵도 섞여 있네.

59 麥 : 밀, 보리가 아니다. 중국어에서 보리는 大麥이라고 한다. 한국은 보리를 많이 재배하고 밀은 거의 재배하지 않는다. 중국은 밀을 많이 재배하고 보리는 거의 재배하지 않는다. 홑 자로 '麥'이라고 하면 '밀'을 일컫는다.

60 啖 : 씹다, 먹다. '가래'가 아니다. '啖' 자를 '痰' 자로 착각하여 틀렸다. 표점부호를 '取啖螫口, 澀腹嘔逆, 移日'을 '取啖, 螫口澀腹嘔逆移日'로 찍어야 한다.

61 開胃 : 입맛을 돋구다, 입맛이 나다(현대 중국어). '다물린 입이 열리다'가 아니다.

62 饅 : 빵, 찐빵.

66	7-662 無以恓只。	6▽203△8 슬피 울지 마오.	근심하지 마오.
67	7-662△6 蕪而不墢只	6▽203△2 우거진 잡초 누가 뽑으랴.	묵이고 갈지 않았다.
68	7-662△視君之恆幹, 衡從壟只。	6▽204▽5 그대들 몸뚱이 언덕 위에 널려 있어.	그대들 몸뚱이 밭고랑에 널려 있어
69	7-663▽5 粔籹蜜餌, 雕花蔓只。	6▽205△12 중배기며 약과는 꽃처럼 생긴 모양	꿀 발린 유맥 떡에 수놓은 꽃 만발하다.
70	7-663▽7 桂釀蔗漿	6▽205△7 계피술, 사탕감자	계피술, 사탕수수 즙.
71	7-663▽8 閭里宴只。	6▽205△2 민간이 평온하단다	마을엔 연회 베푼다.
72	7-663△9 中族疑於上族, 下族疑於中族[63]	6▽206△4 중족이 상족을 의심하고 하족이 중족을 의심하여	중족이 상족의 의심을 받고 하족이 중족의 의심을 받아
73	7-687▽5 後官至則畏避, 寄居民舍, 如是累政[64]。	6▽295▽3 후임 관장이 부임하면 두려워 피하고 민가에서 기거하였다. 이렇게 한 수령이 여럿이었다.	후임 수령이 오면 이곳이 두려워 피하고 민가에서 기거하였으므로 이렇게 정사에 누를 끼쳤다.

63 '중족이 상족을 의심하고 하족이 중족을 의심한다'라는 뜻을 표현하려면 '於' 자를 없애고 '中族疑上族, 下族疑中族'이라고 해야 한다. 개사 '於' 자는 여기서 피동을 나타내므로 '중족이 상족의 의심을 받고 하족이 중족의 의심을 받는다.'이다.

64 累政 : 정사에 누를 끼치다.

제1장과 제2장의 총결

상기 《역주 삼국사기》와 《역주 목민심서》가 편폭도 크고 번역 수준도 비교적 높기 때문에 이 두 책의 예만 든다. 아래와 같이 총결하여 보련다.

1 고서 정리에 누구도 절대 오류를 범하지 않는 다고 장담하지 못한다

오류를 범하는 것은 오히려 정상에 속한다. 이미 죽은 언어이고, 시대별, 방언별, 사람별 용법이 다 다르기 때문에 어떤 엉뚱한 사례가 튕겨 나올지 모르기 때문이다. 고서 정리에서 오류를 적게 범하려면 많이 배우고 고서를 많이 접촉하며 자기의 수준을 연마해야 한다. 평생 이렇게 노력해도 끝이 없다.

2 개개 글자의 뜻에만 집착하지 말아야 한다

즉 '망문생의望文生義' 하지 말라. 이 점이 상기 오류 예해 150여 가지를 종합하여 주의해야 할 첫 번째이다.

《삼국사기·신라본기·파사이사금婆娑尼師今》五年에 '古陁郡主 獻 青牛'라는 기록이 있다. 이 문구에 대한 번역문은 '고타군주古陁郡主가 푸른 소青牛를 바쳤다'이다. '青牛'는 푸른 소가 아니라 '검은 소'인데 말이다. '푸를 청青, 소 우牛'이니 당연 '푸른 소'이겠지 라고 짐작한 것이다. 또 《역주 목민심서》에 '秋之夕·歲之終'이란 말이 있는데 번역문은 '가을밤이나 세밑'이다. '가을 추·저녁 석'이니 '가을밤'이라 번역했는데 사실은 '늦가을'인데 말이다.

이런 행위를 '망문생의'라고 한다. 고서를 정리할 때 첫째로 기피하여야 할 점이 바로 '망문생의'이다.

3 사전을 부지런히 찾아보아야 한다

'아는 길도 물어서 가라'라는 말이 있듯이 알 것 같아도 혹시나 하며 사전을 펼쳐 보아야 바람직하다. 또한 펼쳐 볼 때 되도록 음절 수를 넓혀 올림말을 찾아라.

《삼국사기·신라본기·문무왕 하》에 '雜綵'라는 기록이 나오는데 '雜' 자와 '綵' 자를 각각 찾아보고 '여러 가지 채색 비단'이라 번역했다. 《한어대사전漢語大詞典》 제11책 제878페이지 '雜綵'를 찾아보면 '천인이 입는 잡색 천'이라는 해석어에 출처도 제공했다: 《三國志·魏志·夏侯玄傳》: '今科制, 自公, 列侯以下, 位從大將軍以上, 皆得服綾錦, 羅綺, 紈素, 金銀飾鏤之物, 自是以下, 雜綵之服, 通于賤人。'(지금의 제도에 왕공, 열후 이하, 상장군 이상은 모두 능금, 나기, 환소, 금은식루의 의상을 입고 그 밑은 천한 사람과 통하는 자는 잡채의 의상을 입는다.)

또 《삼국사기·열전·김유신 중》에 '血流浮杵'란 말이 있는데 이 4글자를 하나하나 찾아보면 '피, 흐르다, 뜨다, 공이'를 얻을 수 있다. 그러므로 '피가 내를 이루어 공이를 띄울 정도에 이르렀다'로 번역되었다. 그러나 《한어대사전漢語大詞典》 제8책 제1,345페이지에 '血

流漂杵'라는 올림말이 있으며 그에 대한 해석문은 '...공이가 뜨다', 일설 '杵, 大盾(큰 방패)'이라 했고 《義府》에는 '방패가 뜨다'로 해석하였다. '杵'를 방패로 보는 것이 맞다. 대형 전쟁판은 보통 허허벌판에서 진행되며 절굿공이가 있을 수 없다. 또 옛날에는 금속이 귀하여 방패도 나무로 만들어졌으며 절굿공이와 큰 차별이 없었을 것이다. 사실 '杵' 자에 '방패'라는 뜻도 있다. 사전은 중국 상해 한어대사전 출판사에서 출판한 《漢語大詞典》을 주로 이용하기 바란다.

4 《천자문》 등 옥편을 그대로 옮겨놓지 말아야 한다

옥편에 '相, 서로 상'; '將, 장차 장'이라 적혀 있으므로 '相'이면 무조건 '서로'라 번역하고 '將' 자면 불문곡직 '장차'로 번역하는데 뒤의 제2장, 제3장에서 취급하겠지만 정확한 번역이 아닐 수 있다.

한자를 해석한 옥편에는 그 글자의 가장 주요한 뜻을 대표로 내세워 '하늘 天, 땅 地...' 등으로 해석을 달아놓았으며 그런 글자를 번역할 때 그 글자의 주요한 뜻을 벗어나지 못하는 경우를 종종 목격하게 된다.

5 조선 시대의 문헌을 취급할 때는 현대 중국어 가 아닌가 유념해야 한다

《목민심서·제가齊家》편에 지방으로 나간 수령은 친척들을 끌어들여 같이 생활하면 안 된다고 이야기하며 '賢弟雖泣乞團聚, 兄宜掉頭'라는 기록이 나온다. 이에 대한 번역문은 '아우가 비록 눈물을 흘리며 함께 지내자고 만류하더라도 형 된 사람은 마땅히 머리를 흔들고 떠나야 할 것이다.'이다. '… 형은 마땅히 발길을 돌려야 한다'라고 번역해야 맞다.

한국의 웬만한 옥편에서 '掉' 자를 찾으면 '흔들 도掉'라 하고 'a. 흔들다, b. 흔들리다, c. 바로잡다'라는 정도로 해석을 달았다. 그러나 《중한사전》(현대 중국어 사전)에서 '掉头'를 찾으면 'a. 고개(머리)를 흔들다, b. 고개(얼굴)를 돌리다/외면하다, c. (사람, 차, 배 따위가) 방향을 바꾸다[되돌리다]'라고 해석하여 놓았다. 위 단문 '掉頭'의 의미는 《중한사전》(현대 중국어 사전)의 b나 c에 해당하며 현대 중국어에서 빈도 높게 쓰이는 단어이다.

《역주 목민심서》에 '以厚朴炒豆為屑, 以開飢民胃口; … 東南之民, 胃口既開'라는 말이 있는데 이에 대한 번역문은 '후박厚朴과 볶은 콩을 가루로 만들어 굶주린 백성들의 다물린 입을 열리게 만들었고, …동남지방 백성은 다문 입이 열렸고'이다. 사실 여기에는 띄어져 있기는 하지만 '開胃'란 단어가 있는데 《중한사전》의 올림말 '開胃'에 '식욕을 증진 시키다'로 해석하여 놓았다. 번역문은 '開胃' 두 글자 각각의 뜻에만 착안하여 '입을 열리게 만들었고', '입이 열렸고'

라 하였는데 현대 중국어일 것이라고 짐작만 했어도 이런 오류는 생기지 않았을 것이다.

《역주 목민심서》에 현대 중국어 단어를 틀리게 번역한 것이 매우 많다. 본 원고에 오역 예해로 기록된 것만 하여도 아래와 같이 모두 16곳이나 된다. 어떤 것은 고대에도 이미 있었던 단어이지만 고대에는 잘 쓰지 않다가 현대에 많이 쓴 단어들이다.

1. 예해 5 怪
2. 예해 7 一
3. 예해 11 掉頭
4. 예해 14 怪
5. 예해 15 怪
6. 예해 17 失火
7. 예해 17 白
8. 예해 18 動衆
9. 예해 27 拈
10. 예해 32 背誦
11. 예해 33 從
12. 예해 35 拱手
13. 예해 36 冤枉
14. 예해 50 開溝
15. 예해 55 斧頭
16. 예해 57 分文

한국 한문학자들은 고대 문헌에 현대 중국어의 단어가 등장할 리 없다고 생각하였거나, 한문과 현대 중국어는 그리 차별이 없다고 생각하였거나, 현대 중국어에 너무 생소하였거나 등의 원인으로 이런 오류를 잘 범한다. 필자가 겪은 데 따르면 고대 문헌에 나오는 현대 중국어 단어의 오역률이 80% 정도이다.

중국어는 비록 같은 글자로 쓰인 단어라고 하여도 시대별로 그 뜻이 다르다. 중국어 발달사를 통해 이런 내용을 상세히 알 수 있다.

중국어를 상고, 중고, 근대, 현대 4개 단계로 나눈다. a. 상고는 서기 3세기 이전 은상殷商~진한秦漢 시대이고, b. 중고는 서기 4~9세기 위진魏晉, 남북조南北朝, 수隋, 당唐 시대이며 c. 근대는 10~17세기 당나라 말기부터 청나라 초기까지이며 d. 현대는 1636년 이후 즉 청나라 초기부터 지금까지이다. 또한 a와 b를 합쳐 고대 중국어, c와 d를 합쳐 현대 중국어로, 즉 2단계로 나누는 약분略分설도 있다. 상고 중국어와 중고 중국어가 근사하고 근대 중국어와 현대 중국어에 근사하기 때문에 합치자는 것이다. 본 책의 고대, 현대는 약분설에 준한다.

한국의 한자어는 고대 중국어에 국한되어 있고 한국의 한문학과도 고대 중국어만 배운다. 조선 시대 때부터 유교가 국교國敎로 되었으며 유교 문헌이 조선에 끼친 영향은 자못 크다. 그때의 유교는 송宋나라 때부터 형성된 성리학이며 중국의 성리학 대가 정의程頤와 주희朱熹 등의 저서에는 현대 중국어 단어가 많이 포함돼 있다.

그러므로 조선 시대 학자들의 저서에 현대 중국어 단어를 많이 썼다. 바로 이 부분의 문헌을 번역할 때 현대 중국어 단어를 오역하게 된다. 위 150여 개의 오류를 보면《삼국사기》시대(신라·고구려·백제 삼국) 및 고려 시대에는 현대 중국어 단어를 쓰지 않았으므로 이런 오류가 하나도 안 나타났고《목민심서》에서는 많이 나타났다. 나이가 많은 한국 한문학자들이 현대 중국어를 다시 배우기도 그렇고, 옥편에서 찾을 수 없거나 찾았지만 꺼림칙한 데가 있으면 현대 중국어 사전을 찾아보라는 것이다.

6 옛 학자들은 중국 문헌 단문의 전부 또는 일부를 퍼다 쓰는 경향이 있다

그들은 어려서부터 수십 년간 중국 중요한 문헌을 숙달하게 외웠다. 그들이 퍼다 쓴 문헌은 주요하게 십삼경十三經, 사서四書와 전사사前四史(《사기》,《한서》,《후한서》,《삼국지》)에 집중된다. 그러나 그때는 사전 같은 공구서가 결핍하였으므로 또한 숙달하게 외운 것이라 자기의 기억에 의하여 퍼올 수도 있으므로 개별적으로 틀린 글자가 있을 수 있다.

위의 《역주 목민심서》 오역 예해 47에서 취급한 '盡十二月, 郡中無毌聲, 毋敢夜行, 野無犬吠之盜。'가 무슨 뜻인지 도무지 이해가 가지 않는다. 《역주 삼국사기》는 '12월이 다하도록 관내에는 자식 찾는 어미의 소리가 들리지 않고 밤에는 사람의 통행이 끊어져서 들에는 개 짖는 소리도 들리지 않았다.'《한어대사전》제5책 제2페이지 【犬吠之盜】를 찾고서야 이 말은 《사기史記·혹리열전酷吏列傳》'盡十二月, 郡中毌聲, 毋敢夜行, 野無犬吠之盜。'에서 퍼온 것임을 알 수 있었다. '毌聲'이 '無毌聲'으로 와전되었다. '無毌聲', '어미의 소리가 들리지 않다'는 무슨 뜻인지 이해가 가지 않는다. 정다산이 책을 쓸 때 '毋' 자를 잘못 써넣었거나 저서를 전승할 때 연자衍字 '毌'가 엉뚱하게 생겼을 것이다. '犬吠之盜'도 '좀도둑'임을 이 사전을 통해 알 수 있다.

7 기술적으로 쉽게 장악할 데가 전혀 없는 것은 아니다

경향성적傾向性的으로 범하는 오류를 제3장, 제4장에서 서술한다. 그러나 많이 배우고 접촉하여 자기의 감성적 경험과 이성적 지식수준을 연마하는 전제하에 이성적 접근 방법론에 임하여야 한다.

8 한문에 능해지려면 주요한 방법은 한문 문장을 많이 읽고 많이 암송해야 한다

한문 음으로 암송하는 것보다 중국어 음으로 암송하는 것이 퍽 더 효과적이다. 이 문제는 본 저서 제9장에서 상세히 논증하였으므로 이곳에서는 할애한다.

제三장
'嘗(會)'의 오역

한국의 한문 번역 중 가장 대량적이고 경향성이 있는 오역은 '嘗, 曾' 자에 대한 번역이다. '嘗' 자와 '曾' 자의 고대 음은 비슷하며 뜻도 완전히 같다. '曾' 자는 '嘗' 자의 변종인 듯하고 혹시 방언 상의 차별일 가능성도 있으며 시대상 조금 늦다는 감을 준다. '曾' 자는 또한 '未曾'으로 '嘗'보다 부정문에 많이 썼다. '曾' 자는 현대 중국어에 남아 '曾經'이란 단어로 빈도 높게 쓰이고 있다. 그러나 '嘗' 자의 고대 용법은 현대 중국어에서 자취를 감추었다. 한국의 한문 학자들은 '嘗, 曾'을 보통 우리말 '일찍이'로 번역한다. 아래의 예문을 보자.

1. 嘗夜行 星光入口 因有娠(1-116)—일찍이 밤길을 가다가 별빛이 입안으로 들어와 그로 인하여 임신하게 되었는데(2-121)
   《역주 삼국사기》

2. 吾嘗聞 西南邊亦有地名玉門谷者 意或有隣國兵潛入其中乎(1-144)—내가 일찍이 들건대 서남쪽 변경에 이름이 옥문곡玉門谷이라는 땅이 있다고 하니, 혹시 이웃 나라 군사가 그 안에 숨어 들어온 것은 아닐까?(2-162)　　　《역주 삼국사기》

3. 先祖嘗嚴禁, 政院爲之酌定其數, 令不得加減。(7-11)—선조께
   서 일찍이 이를 엄금하여 승정원에서 예전의 액수를 정하여
   가감하지 못하도록 하였다.(1-38)   《역주 목민심서》

4. 丁監司公彦璜, 嘗知仁川府, 府有三鄕, 稍遠於官門, 每歲伐冰,
   除其兵役, 徵以價米, 民甚苦之。(7-308)—감사 정언황이 일
   찍이 인천부를 맡았을 때의 일이다. 관내에 있는 3개의 면이
   관아에서 약간 멀다고 하여 해마다 얼음을 뜰 때 빙역을 면제
   하고 그 대가로 쌀을 징수하여, 백성들이 이를 몹시 괴롭게 여
   겼다.(3-227)   《역주 목민심서》

5. 臣嘗觀時變 必有兵革之事。—제가 일찍이 시국의 변천을 살펴
   보옵건대 반드시 전쟁이 있을 것으로 아룁니다.(140)

                                            북역《삼국유사》

6. 朕嘗聞師讚耆婆郎詞腦歌 其意甚高 是其果乎?—내가 일찍이
   듣기는 대사의 기파랑을 찬미하는 사뇌 노래가 그 뜻이 매우
   고상하다고 하는데 과연 그런가?(184)   북역《삼국유사》

7. 俎豆之事, 則嘗聞之矣。(434)—조두에 관한 일들은 제가 일찍
   이 공부 좀 했습니다.(434)   김용옥《논어 한글 역주 3》

8. 吾嘗終日不食, 終日不寢, 以思, 無益。(456)—내가 일찍이 종
   일토록 밥을 먹지도 아니하고, 밤새도록 잠을 자지도 아니하
   고, 생각에만 골몰하여 보았으나 유익함이 없었다(456).

                                    김용옥《논어 한글 역주 3》

9. 然僕嘗聞之, 千钧至重, 而孟賁擧之則易。(五)—그러나 제가 일
   찍이 듣건대, 천 균钧은 지극히 무겁지만 맹분孟賁이 들기에는

쉽고(19)   박대현 옮김《추강집 2》

10. 愛敬事親之道,　先生亦[嘗]講之熟矣。(七)—사랑과 공경으로 어
　　버이를 섬기는 도리를 선생 또한 [일찍]부터 잘 알고 있을 터
　　이니(27)   박대현 옮김《추강집 2》

11. 吾[嘗]聞大勇於夫子矣。(84)—나는 [일찍이] 선생님[孔子]으로
　　부터 큰 용기에 대해 들은 적이 있는데(78)

　　　　　　　　　　　　　　　　　　　　　박기봉《역주 맹자》

12. 孔子[嘗]爲乘田矣。(330)—공자께서는 [일찍이] 목장 관리인이
　　된 적이 있었는데(330)   박기봉《역주 맹자》

　'嘗(曾)'을 '일찍이'로 번역하는 것은 엄격히 말하면 오역이다. '…
적이 있다'로 번역해야 맞다. '일찍이…적이 있다'로 해도 괜찮다.
'…일이 있다'로 번역해도 그리 정확하지는 않지만 대충 맞는다고
볼 수 있다. 위의 12가지 예문 중 단지 '일찍이…적이 있는데'로 번
역한 11, 12 두 개만 오역이 아니다. 앞의 제1장《오역 예해》에서
'嘗, 曾' 자의 오역 한 가지씩만 예를 든 것은 '嘗, 曾' 자의 오역이
너무 많고 또한 집중적으로 설명할 필요가 있어서 이번 장에서 일괄
적으로 상세히 서술한다.

　'嘗(曾)'을 '일찍이'로 번역하는 것은 한국 고서 번역의 정설처럼
되어 있으므로 좀 번거롭게 생각될지 모르지만 대량의 예문을 들며
해설하련다. 아래에《역주 삼국사기》전편과《역주 목민심서》1~2
책에서 '嘗, 曾' 자를 포함한 단문(정역, 오역 모두 포함)을 100% 열
거한다. 통계의 필요가 있기 때문이다.

一 《역주 삼국사기》 '嘗'의 오역(Ⅰ)

《역주 삼국사기》는 제1책은 한문 원문이고 제2책은 한글 번역
문이다. 아래 맨 앞의 1. 2. 3…은 순차이고 1-116은 원문 제1책의
페이지 수이며 2-121은 번역문 제2책의 페이지 수이다. 사선 ' / '의
앞은 중앙본 한글 번역문 원문이고 사선 ' / '의 뒤는 필자의 수정
번역문이다.

1.1-116 嘗夜行 星光入口 2-121 일찍이 밤길을 가다가 별빛이 입
으로 들어와/밤길을 가다가 별빛이 입으로 들어온 적이 있었는데

2.1-122 王所嘗禦内廐馬 2-130 왕이 탔던 내구마內廐馬가/왕이 탄
적이 있었던 내구마가

3.1-144 吾嘗聞 2-162 내가 일찍이 듣건대/내가 들은 적이 있는데

4.1-149 嘗召燕見 2-169 어느 날 [춘추를] 불러 사사로이 만나/어
느 날 [춘추를] 불러 사사로이 만난 적이 있으며

5.1-223 嘗以兵助神考 2-277 일찍이 군사로써 돌아가신 나의 아
버지를 도와/군사로써 돌아가신 나의 아버지를 도운 적이 있어

6.1-226 臣嘗見三人 2-282 저는 일찍이 세 사람을 보았는데/저
는 세 사람을 본 적이 있는데

7.1-230 臣亦嘗聞之如此 2-288 신臣도 역시 일찍이 그와 같이
들었습니다/신도 역시 그와 같이 들은 적이 있습니다.

8.1-237 予嘗聞之 2-298 제가 일찍이 그것을 들은 적이 있습니다.

9.1-249 王嘗息樹下 2-317 왕이 어느 날 나무 밑에서 쉬다가/왕

이 나무 밑에서 쉰 적이 있는데

10.1−318 帝以其嘗從隋煬帝伐高句麗 2-416 황제는 그가 일찍이 수나라 양제를 따라 고구려를 정벌하였으므로/황제는 그가 수양제를 따라 고구려 정벌한 적이 있으므로

11.1−358 嘗聞道家之言 2-470 일찍이 도가道家의 말을 들으니/도가의 말을 들은 적이 있으니

12.1−380 吾嘗受敎於師 2-501 내가 일찍이 스승에게 가르침을 받았는데/내가 스승에게 가르침을 받은 적이 있는데

13.1−389 武王從子福信嘗將兵 2-516 무왕武王의 조카 북신福信은 일찍이 군사를 거느렸는데/무왕武王의 조카 복신은 군사를 거느린 적이 있는데

14.1−389 嘗質於倭國者 2-516 일찍이 왜국에 볼모로 가 있던 옛 왕자[古王子]/왜국에 볼모로 가 있었던 적이 있는 옛 왕자

15.1−466 嘗入朝尙早 2-597 일찍이 조정에 알현하러 들어가다가 아직 일러서/**일찍이** 조회하러 간 적이 있어

16.1−553 嘗領兵獲百濟王及其將四人 2-712 일찍이 군사를 거느리고 가서 백제왕과 그 장수 네 사람을 잡고/군사를 거느리고 백제 왕과 그 장수 네 명을 잡은 적이 있는데

17.1−556 子亦嘗聞龜免之說乎? 2-716 그대도 또한 일찍이 거북과 토끼 이야기를 들었는가?/그대도 또한 거북이와 토끼의 이야기를 들은 적이 있는가?

18.1−563 庾信嘗以中秋夜 領子弟立大門外 2-728 유신이 일찍이 한가윗날 밤에 자제를 거느리고 대문 밖에 서 있는데/유신이 추석

날 밤에 자제를 거느리고 대문 밖에 서 있은 적이 있는데

19.1-570 嘗有蝗蟲自西入浿江之界 2-740 일찍이 누리가 생겨 서쪽으로부터 패강진 경계로 들어와/황충이 서쪽으로부터 패강 지역으로 들어온 적이 있는데

20.1-586 嘗聞君明則臣直 2-765 일찍이 들사온대 인군이 밝으면 신하가 곧다고 하였습니다./들사온대 임금이 밝으면 신하가 곧다고 들은 적이 있습니다.

21.1-588 王嘗恨奈勿王 使己質於高句麗 2-769 왕은 일찍이 나물왕이 자기를 고구려에 볼모로 보낸 것을 원망하여,/왕은 내물왕이 자기를 고구려에 인질로 보냄을 원망한 적이 있어

22.1-591 吾嘗聞之師 2-774 내가 일찍이 스승에게 들으니/내가 스승에게서 들은 적이 있는데

23.1-595 强首嘗與釜谷冶家之女野合 2-779 강수가 일찍이 부곡 釜谷의 대장장이 딸과 야합野合하였는데/강수는 부곡의 대장장이의 딸과 야합한 적이 있는데

24.1-595 嘗聞古人之言 2-779 일찍이 옛 사람의 말을 들으니/옛 사람의 말을 들은 적이 있는데

25.1-597 致遠亦嘗奉使如唐 2-781 치원은 또한 사신으로 당나라에 갔으나/치원은 또한 사신으로 당나라에 간 적이 있으나

26.1-600 嘗覽元曉居士所著 金剛三昧論 2-787 일찍이 원효 거사가 지은 금강삼매론金剛三昧論을 읽고/원효 거사가 지은 《금강삼매론》을 읽은 적이 있어

27.1-600 薛聰嘗入唐學 2-787 설총이 일찍이 당나라에 가서 공

부를 하였다고 하나/설총이 당나라에 가서 유학한 적이 있다고
하나

28.1-604 驟徒嘗出家 2-792 취도는 [일찍이] 출가하여/취도는 출
가한 적이 있어

29.1-605 或嘗語曰 2-794 어느 사람이 [일찍이] 말하기를/어떤
자가 말한 적이 있으니

30.1-606 嘗與親友四人 同會燕飮 各言其志 2-795 [일찍이] 친구
네 사람과 함께 모여 술을 마시면서 각자 자기의 뜻을 말하였는데/
친구 네 사람과 함께 모여 각자 자기의 뜻을 말한 적이 있는데

31.1-609 僕嘗與裂起入不測之地 2-801 나는 [일찍이] 열기와 더
불어 죽음을 헤아릴 수 없는 곳에 들어가/나는 열기와 함께 예측
할 수 없는 위험한 지역에 들어간 적이 있으며

32.1-615 嘗聞爲臣之道 2-809 [일찍이] 들으니 신하 된 도리는/신
하 된 도리를 들은 적이 있는데

33.1-615 嘗慕榮啓期之爲人 2-809 [일찍이] 영계기榮啓期의 사람
됨을 사모하여/영계기의 사람됨을 흠모한 적이 있어

34.1-617 嘗於皇龍寺壁畵老松 2-812 [일찍이] 황룡사 벽에 늙은
소나무를 그렸는데/황룡사 벽에 늙은 소나무를 그린 적이 있었
는데

35.1-618 嘗悅美薛氏 2-813 [일찍이] 설 씨를 좋아하였으나/예쁜
설 씨를 좋아한 적이 있지만

36.1-618 嘗以志氣自許 2-813 [일찍이] 뜻과 기개를 자부하였습
니다./의지와 기개로 자부한 적이 있었습니다.

37.1-623 武后{{嘗}}出金幣…中者以賜之 2-822 [측천]무후가 {{일찍이}} 황금상을 내어…맞추는 사람에게 주게 하였는데/무후가 금폐를 내어…맞춘 자에게 주기로 한 적이 있는데

38.1-623 來俊臣{{嘗}}求貨 2-822 내준신來俊臣이 {{일찍이}} 뇌물을 구하자/내준신이 재물을 요구한 적이 있는데

39.1-625 {{嘗}}赴齋行次 有烏鳥銜物 落在持鉢中 2-825 {{일찍이}} 재齋에 참석하려고 가는 길에 까마귀가 입에 물었던 물건을 들고 있는 바리때에 떨어뜨렸다./재에 참석하러 가는 길에 까마귀가 물고 있던 것을 들고 있는 바리에 떨어뜨린 적이 있다.

40.1-626 {{嘗}}南巡 至興州浮石寺 2-827 {{일찍이}} 남쪽으로 순행할 때 흥주興州[현재의 경북 영주시 순흥면] 부석사에 이르러/남쪽 지방을 순회하여 흥주 부석사에 이른 적이 있는데

二《역주 삼국사기》 '曾'의 오역(Ⅱ)

1.1-210 {{曾}}入大唐爲學生 2-258 {{일찍이}} 당나라에 들어가 학생이 되었으니/당나라에 가서 학생이 되었던 적이 있으니

三 《역주 목민심서》 '嘗'의 오역(Ⅲ)

《역주 목민심서》의 한문 원문은 제7책에 있고 한글 번역은 제1
~6책에 있다. 아래의 맨 앞의 1. 2. 3...은 순차이고 7-11은 한문
제7책의 페이지 수이며 1-38은 한글 번역본 제1책의 제38페이지
며 2-65는 한글 번역본 제2책 제65페이지를 의미한다. 편폭 상의 제
한으로 《역주 목민심서》1~2책의 '嘗'만 수록한다.

1.7-11 先朝嘗嚴禁, 1-38 선조先朝께서 일찍이 이를 엄금하여/선
조께서 이를 엄금한 적이 있어

2.7-19 唐令狐綯, 嘗徙其故人, 為隣州刺史, 便道之官, 1-72 당나
라의 영호도가 일찍이 이웃 지방의 자사로 옮기는 발령을 받은
친구를 편도로 부임케 했다./당나라의 영호도가 이웃 지방의 자사
로 발령받은 친구를 편도에 부임케 한 적이 있어

3.7-51 嘗遺山濤絲百斤, 1-182 산도山濤에게 명주실 100근을 바
쳤다./산도에게 명주실 100근을 바친 적이 있다.

4.7-51 嘗候宗行出,潛至其舍, 視室中無長物, 1-183 한번은 주신이
섭종행이 외출한 때를 기다려서 슬그머지 그 집에 가서 방안을 살
펴보니/섭종행이 외출한 때를 기다려서 슬그머지 그 집에 가서 방
안을 살펴본 적이 있는데

5.7-52 宋查道嘗出按部, 1-184 송나라 사도는 자기 관내를 순시
하는데/송나라 사도는 자기 관내를 순시한 적이 있는데

6.7-56 有井奇, 李著二人, 嘗守是州, 1-197 정기井奇와 이저李著

- 70 -

두 사람이 이곳의 수령으로 있다가/정기와 이저 두 사람이 이곳의
수령을 한 적이 있는데

7.7-58 **嘗語人曰** : "…吾甚愧之。" 1-204 일찍이 어떤 이에게 "…
참으로 부끄러운 일입니다"라고 했다/어떤 이에게 "…참으로 부
끄러운 일입니다"라고 말한 적이 있다.

8.7-58 小吏嘗失官鷹, 1-205 아전이 관가의 매 한 마리를 잃어버
려/아전이 관청의 매를 잃어버린 적이 있어

9.7-59 蒼石李公埈嘗過郡, 嘆曰:"淸氣襲人。" 1-206 창석蒼石 이
준李埈이 이 고장을 지나다가 감탄하여 "맑은 기운이 사람에게 스
며든다"라고 하여였다./창석 이준이 이 고장을 지나지나다가 감탄
하여 "맑은 기운이 사람에게 스며든다"라고 한 적이 있다.

10.7-62 尹碩輔嘗守豐基郡, 1-219 윤석보尹碩輔가 일찍이 풍기군
수豐基郡守가 되어/윤석보가 풍기군수를 한 적이 있어

11.7-63 僚友諸婦嘗會飮, 1-221 요속의 여러 부인들이 참석하여
연회를 베풀었다./요속의 여러 부인들이 모여 연회를 베푼 적이
있다.

12.7-63 趙峿爲陜川郡守, 淸節無比。嘗在郡, 子壻奴婢往來者, 皆
齎私糧。 1-222 조어趙峿는 합천군수陜川郡守로 있으면서 청렴함이
비할 데 없었다. 아들과 사위, 노복들이 내려올 때 다들 자기가 먹
을 양식을 가져오게 하였다./조어는 합천군수로 있으면서 청렴함
이 비할 데 없었다. 군에 있을 때 아들과 사위, 노복들이 내려올
때 다들 자기가 먹을 양식을 가져왔다.

13.7-63 嘗以奢侈爲戒, 1-223 항상 사치를 경계로 삼고 있으나/

사치를 경계한 적이 있으나

14.7-66 嘗倅南京, 1-229 일찍이 남경南京의 쉬로 있을 때/남경의 쉬를 한 적이 있는데

15.7-67 嘗於園囿種苧, 躬紡績以爲衣。 1-233 일찍이 밭에 모시를 심고 몸소 길쌈을 해서 옷을 해 입었다./밭에 모시를 심고 몸소 길쌈을 해서 옷을 해 입은 적이 있다.

16.7-72 先人嘗曰 : 1-251 나의 선인先人께서 일찍이 말씀하셨다./나의 선인께서 말씀한 적이 있다.

17.7-73 範文正公嘗語諸子弟曰 : 1-252 범문정공이 일찍이 그의 자제들에게 "…"라고 하였다/범문정공이 그의 자제들에게 "…"라고 한 적이 있다.

18.7-75 嘗坐水傍, 1-262 그가 일찍이 물가에 앉아 있었더니/물가에 앉았던 적이 있는데

19.7-78 嘗以蟹數百, 醃於大甕, 以供朝夕。 1-270 한번은 게 수백 마리를 큰 단지 속에다 젓으로 담가놓고서 조석으로 올리게 하였다./게 수백 마리를 큰 단지 속에다 젓으로 담가놓고서 조석으로 올리게 한 적이 있다.

20.7-81 嘗歎曰 : 1-279 탄식하여 "…"라고 말했다/"…"라고 탄식하여 말한 적이 있다.

21.7-82 嘗謂其子玄齡曰 : 1-286 일찍이 그의 아들 현령玄齡에게 "…"라고 일렀다/그의 아들 현령에게 "…"라고 이른 적이 있다.

22.7-84 嘗以俸易一紅褐寄之, 1-289 일찍이 녹봉으로 붉은 모포 한 장을 구해 보냈다 /녹봉으로 붉은 모포 한 장을 구해 보낸 적

이 있다.

23.7-93 嘗自誓曰 : '非法斷事, 皇天降罰。' 1-322 '비법단사 황천강벌非法斷事, 皇天降罰(법 아닌 것으로 일을 처리하면 하늘이 벌을 내린다)'/'비법단사 황천강벌'이라고 스스로 맹서한 적이 있다.

24.7-98 始意先生嘗注臺憲, 1-343 처음에 태수가 생각하기를 정 선생은 태헌臺憲을 지냈으니/처음에 태수가 생각하기를 정 선생은 태헌을 지낸 적이 있으니

25.7-105 公嘗語人曰 : 1-363 그는 일찍이 "…"라고 말하였다/그는 "…"라고 말한 적이 있다.

26.7-137 嘗坐於堂, 2-65 일찍 정당에 앉아 있는데/정당에 앉았던 적이 있는데

27.7-140 嘗夜起, 聞城上持更者歎甚苦。 2-76 밤중에 일어나서 들으니 성 위에서 파수를 보는 자가 몹시 괴로워하는 소리가 들렸다./밤중에 일어나 성 위에서 파수를 보는 자가 몹시 괴로워하는 소리를 들은 적이 있다.

28.7-147 嘗有蝗, 自西入浿之界蔽野, 2-102 일찍이 황충이 날아서 서쪽으로부터 패강진 경내로 들어와 들을 덮었다./황충이 날아서 서쪽으로부터 패강진 경내로 들어와 들을 덮은 적이 있다.

29.7-149 余嘗疑之, 2-112 나는 일찍이 이 일에 의심을 품어왔는데/나는 이 일에 의심을 품은 적이 있는데

30.7-151 州吏權援, 嘗與云敬同遊鄉學, 2-117 아전 권원權援이 일찍이 정운경과 함께 향학鄉學에서 공부한 사이여서/아전 권원이 정운경과 함께 향학에서 공부한 적이 있는 사이여서

31.7-157 藥泉南相國九萬, 嘗在兵曹, 汰吏者近百人, 2-135 약천藥泉 남구만南九萬이 일찍이 병조에 있으면서 아전의 수를 줄인 숫자가 거의 100명이나 되었다./약천 남구만이 병조에 있으면서 아전의 수를 거의 100명이나 줄인 적이 있다.

32.7-161 余嘗使一走卒, 見其頗敏捷, 使之。2-151 내가 일찍이 한 관노가 민첩해서 부렸더니,/나는 한 관노가 민첩해서 부린 적이 있다.

33.7-165 韓禮安光傳, 嘗知數縣, 2-163 예안禮安의 현감을 지낸 한광전韓光傳이 일찍이 여러 고을을 다스렸는데/예안의 현감을 지낸 한광전이 여러 고을을 다스린 적이 있는데

34.7-169 嘗有故人子謁之, 2-177 한번은 전부터 아는 사람의 아들이 찾아왔는데/전부터 아는 사람의 아들이 찾아온 적이 있는데

35.7-172 **余嘗從容問之曰** : 2-187 내가 어느 날 그에게 조용히 "…"라고 물었더니/내가 조용히 "…"라고 물은 적이 있는데

36.7-177 嘗遣廉吏, 遣行屬令周密, 2-208 일찍이 염탐시킬 아전을 파견했는데, 보낼 적에 주밀하게 하도록 당부했다./염탐시킬 아전을 파견하며 주밀하게 하도록 당부한 적이 있다.

37.7-177 有濕沃主簿張達, 嘗詣州, 夜投人舍食雞羹, 2-209 습옥현濕沃縣의 주부主簿 장달張達이란 사람이 일찍이 주의 관부로 오던 길에 민가에 투숙하여 닭고깃국을 먹은 일이 있었다.

38.7-177 嘗獨坐郡齋, 見一小吏質愼者, 2-210 한번은 동헌에 혼자 앉아 있다가 마침 순박하고 신중한 아전을 보고/동헌에 혼자 앉아 있다가 순박하고 신중한 한 아전을 본 적이 있는데

39.7-181 周新按察浙江，囟巡屬縣，微服觸縣官，收繫獄中。2-221 주신周新이 절강안찰사浙江按察使로 있을 때의 일이다. 그는 속현을 순행하다가 미복을 하고 일부러 현관의 행차를 범해서 옥에 갇혔다./주신이 절강 안찰사로 있을 때 미복으로 현관과 저촉하여 옥에 갇힌 적이 있다.

40.7-204 囟受一邑田結之簿，置硯室中，未及照会，一日忽失之。2-289 한번은 고을의 전결부田結簿를 받아서 벼룻집 속에 넣어두고 미처 살펴보지 못했는데, 어느 날 홀연히 그 장부가 없어졌다./한 번은 고을의 전결부를 받아서 벼룻집 속에 넣어두고 미처 살펴보지 못했는데, 어느 날 홀연히 없어진 적이 있다.

四《역주 목민심서》 '囟'의 오역(Ⅳ)

'囟' 자는《역주 목민심서》전편의 것을 모두 열거한다.

1.7-14 囟經承旨及義州・東萊亦許乘，1-54 승지를 지낸 이나 의주부윤義州府尹・동래부사東萊府使는 탈 수 있다고 했으나/승지를 지낸 적이 있는 이나 의주부윤・동래부사는 탈 수 있다고 했으나

2.7-16 囟經侍從及堂上官，1-63 일찍이 시종侍從 및 당상관을 역임한 자는/시종 및 당상관을 지낸 적이 있는 자는

3.7-17 囟經本道監司及近邑守令者，1-65 일찍이 그 도의 감사나 이웃 고을의 수령을 역임한 자/그 도의 감사나 이웃 고을의 수령

을 역임한 적이 있는 자

4.7-18 與曾經監司者, 1-68 일찍이 그 지방의 감사를 지낸 분과/
그 지방의 감사를 지낸 적이 있는 분과

5.7-72 我曾厄窮, 1-251 전에 내가 일찍이 액운을 만나 곤궁했
을 때에는/전에 내가 액운을 만나 곤궁한 적이 있을 때에는

6.7-83 曾宰全義, 1-288 일찍이 그가 전의全義의 수령이 되었는
데/전의의 수령을 한 적이 있는데

7.7-116 公曾見縣北有山, 素饒材木, 特封禁之, 1-403 일찍이 그
는 고을 북쪽에 있는 산에 나무가 무성한 것을 보고서 특별히 벌
목을 금지해둔바 있었다./공은 고을 북쪽 산에 나무가 무성한 것
을 보고서 특별히 벌목을 금지해 둔 적이 있었다.

8.7-116 曾以勅使到黃州, 1-404 일찍이 칙사로 황주를 지나갈
때/칙사로 황주를 간 적이 있는데

9.7-129 何曾爲守虜留財? 2-34 어찌 도적을 위하여 재물을 남겨
둘 것이랴?/언제 도적을 위하여 재물을 남겨둔 적이 있나?

10.7-139 鄕官曾在左右者, 2-71 가까이 있던 좌수와 별감 등 향
관이/가까이 있었던 적이 있는 향관이

11.7-139 曾經薦報, 2-71 이미 천거를 받았던 자/천거를 받은 적
이 있는 자

12.7-168 曾經鄕任而未經首任者, 2-173 전에 향청의 직을 지내고
도 수석에 오르지 못한 사람은/전에 향청의 직을 지내고도 수석에
오른 적이 없는 자는

13.7-168 官欲曾經座首中, 新差座首。 2-173 본관은 일찍이

좌수를 지낸 사람 중에서 새로 좌수를 임명하고자 하니/본관은 좌수를 지낸 적이 있는 사람 중에서 새로 좌수를 임명하고자 하니

14.7-172 曾有假貸之惠者, 2-185 일찍이 거래가 있었던 자/너그럽게 혜택을 준 적이 있는 자

15.7-174 謂曾已仕者, 2-196 이미 관직을 역임한 사람을 가리킨다./이미 관직을 한 적이 있는 자를 말한다.

16.7-182 探曾經首吏失志負屈, 與今首吏相爲敵讐者, 2-223 일찍이 수리를 지내고 밀려나 실의에 젖은 데다가 현임 수리와 앙숙인 자를 찾아내/수리를 지낸 적이 있고 밀려나 실의에 젖은 데다가 현임 수리와 앙숙인 자를 찾아내

17.7-244 曾已濟州入送。3-46 이미 제주도로 들여보냄./이미 제주도로 들여보낸 적이 있음.

18.7-251 全羅監司曾爲檢察使, 3-63 전라감사가 일찍이 검찰사檢察使가 되었기 때문에/전라감사가 검찰사가 된 적이 있기에

19.7-338 曾是邑魯, 祭秩之遺。3-330 일찍이 이 고장이 우둔하여 이 산이 제질祭秩에서 빠졌도다./이 고장이 우둔하여 제질에서 빠진 적이 있도다.

20.7-410 有《璿源譜略》, 曾受例頒, 4-191 관례에 따라 발급받았던《선원보략》《璿源譜略》이 있으면 /관례에 따라 발급받은 적이 있는《선원보략》이 있으면

21.7-430 因問曾與誰為仇, 4-259 일찍이 누구와 원수진 일이 있는가를 물으니/누구와 원수진 적이 있는가를 물으니

22.7-483 兵馬使囚郡民之曾被罪於守者十餘人, 5-28 병마사兵馬使

는 그 고을 백성 중에서 일찍이 군수에게 죄를 받은 자 10여 명을 잡아 가두어/병마사는 그 고을 백성 중에서 군수에게 죄를 받은 적이 있는 자 10여 명을 잡아 가두어

23.7-488 有曾經鄕官・武校, 及爲坊里任出入官府者否? 5-47 일찍이 향임이나 군교, 면임面任・이임里任으로서 관청에 출입해본 사람이 있는지/향임이나 군교, 면임・이임으로서 관청에 출입한 적이 있는 사람이 있는지?

24.7-497 曾經朝官, 雖觀察使・節度使, 毋得用刑棍。 5-73 일찍이 조관朝官을 역임한 사람은 비록 관찰사나 절도사라 하더라도 곤장을 사용하지 못한다./조관을 역임한 적이 있는 사람은 비록 관찰사나 절도사라 하더라도 곤장을 사용하지 못한다.

25.7-615 此事曾有陳達者, 6-69 이 일은 일찍이 건의한 사람이 있었고/이 일은 어떤 자가 건의한 적이 있었고

26.7-663 賑恤都監, 皆曾經座首。 6-207 진휼도감賑恤都監은 대개 일찍이 좌수를 역임한 사람이다. /진휼도감은 모두 좌수를 한 적이 있는 사람이다.

27.7-674 以公曾薦儒將, 6-247 그가 유장으로 천거되었기에/공이 유장儒將으로 천거된 적이 있었기에

28.7-687 曾經承旨・觀察使・節度使・防禦使, 東班二品實職而身没外任者, 6-296 일찍이 승지・관찰사・절도사・방어사와 동반의 2품 실직을 지내고서 외임에서 죽은 자에게는 /승지・관찰사・절도사・방어사와 동반의 2품 실직을 지낸 적이 있으면서 외임에서 죽은 자 에게는

29.7-690 唐宋璟曾於廣州有惠政。6-308 당나라 송경宋璟이 일찍이 광주廣州에서 은혜로운 정사를 베풀었다./당나라 송경이 광주에서 은혜로운 정사를 베푼 적이 있다.

30.7-692 漢郭伋曾為荊州, 6-314 한나라 곽급이 일찍이 형주荊州를 맡아 다스렸는데/한나라 곽급이 형주를 맡았던 적이 있는데

五 총 결

'甞(曾)'이 한국 고서 정리에 이미 '일찍이'로 고착되었으며 그 영향이 크므로 위에 대량의 예문을 열거했다. 아래에 여섯 가지(A~F) 이유를 들어 '...적이 있다'로 번역해야 맞는다는 도리를 설명한다. 이하 한문 원문 '1-', 번역문 '2-'는 모두《역주 삼국사기》를 일컬으며 한문 원문 '7-', 번역문 '1-', '2-', ...'6-'은 모두《역주 목민심서》를 일컫는다.

1 '일찍이'가 '嘗(曾)'의 공분모로 될 수 없다

상기 예문의 통계는 이러하다.

I. 《역주 삼국사기》의 嘗 40개, 그중 '일찍이'로 번역한 예: 36개, 90%.

II. 《역주 삼국사기》의 曾 1개, 그중 '일찍이'로 번역한 예 1개, 100%.

III. 《역주 목민심서》(1~2책) 嘗 40개, 그중 '일찍이'로 번역한 예 18개, 45%.

IV. 《역주 목민심서》의 曾 30개, 그중 '일찍이'로 번역한 예 20개, 67%.

합계 111개, 그중 '일찍이'를 쓴 것이 75개(68%), 32%가 '일찍이'를 쓰지 않았다. 오히려 필자가 주장하는 '...적이/일이 있다'로 번역한 것이 2개(I.8, III.37) 나타났다. 32%가 '일찍이'를 쓰지 않았으니 이 현상이 우선 논리적으로 '일찍이'가 '嘗(曾)' 번역의 공분모가 될 수 없음을 말한다. 필자는 111개 모두를 '...적이 있다'로 번역했는데 III.12번 하나만(위에 음영으로 표시한 것) '적이 있다'로 번역하기 불편하였다. 이는 논리적으로 '...적이 있다'가 '嘗(曾)' 번역의 공분모가 될 수 있음을 말한다.

《역주 삼국사기》는 '일찍이'를 쓴 예가 90%, 즉 '일찍이'를 쓴 빈도가 높다. 그러나 《역주 목민심서》는 '일찍이'를 쓴 예가 54%. 즉 '일찍이'를 쓴 빈도가 퍽 낮다. 이는 《역주 목민심서》의 저자가 《역주 삼국사기》의 저자보다 '甞(曾)' 자에 대해 좀 더 정확한 인식을 가지고 있으며 조심스럽게 번역했음을 알 수 있다.

2 의문문 '甞(曾)'은 '일찍이'로 번역하기 불편하다

아래에 위 '甞(曾)' 예문 중의 의문문을 모두 열거한다. 3개뿐이다.

I.17.1-556 甞聞龜兔之說乎? 2-716 그대도 또한 일찍이 거북과 토끼 이야기를 들었는가?/그대도 또한 거북이와 토끼의 이야기를 들은 적이 있는가?

IV.9.7-129 何曾爲守虜留財? 2-34 어찌 도적을 위하여 재물을 남겨둘 것이랴?/언제 도적을 위하여 재물을 남겨둔 적이 있나?

IV.23.7-488 有曾經鄕官・武校, 及爲坊里任出入官府者否? 5-47 일찍이 향임이나 군교, 면임・이임으로서 관청에 출입해본 사람이 있는지/향임이나 군교, 면임・이임으로서 관청에 출입한 적이 있는 사람이 있는지?

IV.9는 아예 '일찍이'를 쓰지 않았다. I.17의 '일찍이 거북과 토끼 이야기를 들었는가?'는 논리에 맞지 않는 말이다. 상대방이 거북과 토끼의 말을 일찍이 들었나, 늦게 들었나를 가려서 물을 수는 없다. 언제 들었건 들은 적이 있나를 묻는다고 해야 맞다. 마찬가지로 IV.23의 '일찍이 향임이나 군교, 면임・이임으로서 관청에 출입해본 사람이 있는지?'도 역시 논리상 맞지 않는다. '일찍이' 출입했는가, 늦게 출입했는가로 물어볼 수 없다. 이는 '甞(曾)'이 의문문에서는

'일찍이'가 아님을 말한다.

3 부정문 '未嘗'은 '일찍이'로 번역하지 않았다

논리적으로 말하면 '嘗(曾)'을 '일찍이'로 번역하면, 그의 부정문 '未嘗, 未曾, 不曾, 曾未...' 등은 '일찍지 않게' 또는 '늦게'로 번역해야 맞을 것이다. 사실상 이렇게 번역된 것은 한 개도 없다. 이것만 봐도 '嘗(曾)'이 '일찍이'가 아님을 말해준다.

뿐만 아니라 '未嘗'의 '嘗'을 '일찍이'로 번역된 것이 긍정문에 비해 대폭 줄었다. 또한 아래와 같은 예문은 오히려 필자가 주장하는 '적이(일이) 없다'로 번역하였으며 19개나 된다.

원문(한문)이 '1-'인 것은 모두《역주 삼국사기》로 인지하고 원문(한문)이 '7-'인 것은 모두《역주 목민심서》로 인지하기 바란다.

1.1-367 未嘗有分毫之益 2-484 일찍이 털끝만 한 도움을 드린 일이 없습니다.

2.1-565 未嘗交構 2-732 일찍이 전쟁한 일이 없고

3.1-568 未嘗一日忘於心 2-737 일찍이 하루라도 잊은 적이 없소.

4.1-592 未嘗忘父母之國 2-776 일찍이 부모의 나라를 잊은 적이 없습니다.

5.7-75 未嘗坐花紋席, 1-264 일찍이 화문석에 앉은 일이 없었으니

6.7-80 未嘗受民一尺帛, 1-277 일찍이 백성으로부터 비단 한 자도 받은 일이 없었고

7.7-166 非公事, 未嘗至於偃之室。2-169 공사가 아니면 제 방에 들어오는 일이 없었습니다.

8.7-171 未嘗妄加棰杖。2-184 함부로 매질하는 일이 없었다.

9.7-188 未嘗以試卷之在下等, 而不施狀元之賞典。2-243 시권 試卷이 하등에 있다고 해서 장원의 상전을 주지 않은 일이 없었다.

10.7-226 一粒之粟, 未嘗受也。2-352 한 톨의 곡식도 받은 적이 없다.

11.7-233 未嘗納粟。2-372 곡식으로 바친 일은 없다고 한다.

12.7-234 一字半句, 未嘗講習, 3-17 일자반구一字半句도 공부한 적이 없는데

13.7-244 一葉之錢, 亦未嘗分給也。3-44 한 닢의 돈도 일찍이 나눠준 일이 없는 것이다.

14.7-244 未嘗見有一箇村氓負苫而過者也。3-44 시골 백성 중에 곡식 섬을 받아 지고 지나가는 것을 일찍이 본 적이 없다.

15.7-244 未嘗受來, 3-44 받아본 적이 없는데도

16.7-264 未嘗一往, 3-94 한 번도 가본 적이 없으니

17.7-316 未嘗笑, 3-252 웃는 적이 없었는데

18.7-241 一粒之澤, 曾不及於民戶, 3-38 일찍이 백성에게는 곡식 한 톨의 혜택도 미친 일이 없으니

19.7-300 曾不以一葉之錢酬其本直。3-203 엽전 한 닢도 값을 치른 적이 없다.

이는 부정문에서 '嘗(曾)'이 '일찍이'가 아님을 말해준다. 19개 중 6개만 '일찍이'를 썼지만 뒤를 '적이(일이) 없다'로 끝냈다.

다음은 '嘗(曾)'의 부정문의 예 하나를 살펴보자.

V.19.7-241 一粒之澤曾不及於民戸, 3-38 일찍이 백성에게는 곡식 한 톨의 혜택도 미친 일이 없으니/백성에게는 곡식 한 톨의 혜택도 미친 적이 없으니

'백성에게는 곡식 한 톨의 혜택도 미친 일이 없'는 것은 시종일관한 일이지 '일찍이'가 아니다.

'嘗'은 행위자(글 쓴 자, 말한 자)의 행위가 이루어지기 전에 그런 경력의 유무有無를 말하는 것뿐이다. '일찍이'와는 완전히 다른 개념이다.

4 '嘗'에 '일찍이'라는 뜻이 없다는 유력한 증거

I.15.1-466 嘗入朝尙早 2-597 일찍이 조정에 알현하러 들어가다가 아직 일러서

위 《역주 삼국사기》의 이 예문에서 만약 '嘗'이 '일찍이'라면 '嘗入朝'라고만 하면 될 것이다. '嘗入朝' 뒤에 '尙早'를 부쳐야 '일찍이', '아직 일러서'의 뜻이 된다. 필자처럼 '너무 일찍이 조회하러 간 적이 있어'라고 번역하면 아무런 문제도 없게 된다.

5 '嘗'에 대한 사전의 해석은 '일찍이'가 아니다

《중한사전》221페이지:

嘗…B) 보 일찍이. 이전에. 과거에. 「前年嘗有事來此; 재작년에 일
이 있어 이곳에 온 적이 있다」「未嘗見過此人; 이 사람을 본 적이
없다」

《중한사전》의 '嘗'을 해석하며 든 예문을 모두 '… 적이 있다'로
번역하였다. '嘗'은 고대 중국어이고 현대 중국어에서는 '嘗'을 쌍음
절 '曾經'으로 쓴다. 《현대한어사전現代漢語詞典》141페이지(2004년
인쇄본)의 부사 '曾經'의 해설은 이러하다:

曾經 副詞, 表示從前有過某種行爲或情況(부사, 이전에 모종 행위
나 상황이 있었던 적이 있었음을 표시한다): 他曾經說過這件事(그
는 이 일을 말한 적이 있다)|這裏曾經鬧過水災。(이 곳에 홍수가
난 적이 있다.)

한국의《중한사전》이건 중국의《현대한어사전》이건 '嘗'을 모두
'…적이 있다'로 번역(해석)하였다.

필자는 북경의 중화서국(한국의 국사편찬위원회에 해당함)에
서 평생 근무하며 '嘗'을 일률 '적이 있다'로 번역하였었다. '嘗'
을 일률 '적이 있다'로 번역함은 필자뿐만 아니라 중국학자들의
통념이다.

6 '일찍이'는 '嘗'이 아닌 다른 단어로 표현하였다

한국 고서, 이를테면 《삼국사기》나 《목민심서》도 마찬가지다. 다른 단어라 함은 '早·蚤·初·先是·夙...' 등이다. '일찍이'를 '嘗'으로 표현하다가 어쩌다 한 번씩 이런 단어도 쓴 것이 아님을 설명하기 위해 《역주 삼국사기》와 《역주 목민심서》에 쓰인 '일찍이' 또는 '일찍이'와 유사한 뜻을 표한 '早·蚤·初·夙·先是, ...' 등을 아래에 전부 열거한다.

《역주 삼국사기》

1.1-100 每日早集大部之庭績麻 2-99 매일 아침 일찍 대부大部의 뜰에 모여서

2.1-138 太子早卒 2-152 태자가 일찍 죽었으므로

3.1-173 早蒙天眷 2-201 일찍이 천자의 돌보는 은혜를 입었습니다.

4.1-177 早赴平壤 2-208 빨리 평양으로 와

5.1-184 太子早蘊離輝 2-219 태자는 일찍이 밝은 덕을 쌓았고

6.1-246 若不早圖 2-313 만약 일찍 일을 도모하지 않으면

7.1-296 助多早死 2-385 조다가 일찍 죽자

8.1-317 早習禮敎 2-413 일찍이 예교禮敎를 익혀

9.1-325 帝以遼左早寒 2-426 황제는 요동이 일찍 추워져서

10. 1-585 早朝晚罷 2-763 아침 일찍 출근하고 저녁 늦게 퇴근하여

11. 1-588 早晚 以汝王爲鹽奴 2-768 조만간에 너희 왕을 소금 만드는 노예[鹽奴]로 만들고

12. 1-96 以初大卵如瓠 2-92 처음에 큰 알이 마치 박과 같았던 까닭에

13. 1-99 初南解薨 2-97 앞서 남해가 죽자

14. 1-101 初其國王娶女國王女爲妻 2-100 이보다 앞서 그 나라 왕이 여국왕女國王의 딸을 맞아들여 아내로 삼았는데

15. 1-103 初脫解薨 2-103 일찍이 탈해가 죽었을 때

16. 1-105 初婆娑王獵於楡湌之澤 2-106 일찍이 파사왕이 유찬楡湌의 못 가에서 사냥할 때

17. 1-132 初訥祇王時 2-144 일찍이 눌지왕 때

18. 1-137 初君臣病無以知人 2-151 일찍이 임금과 신하들이 인물을 알아볼 방법이 없어 걱정하다가

19. 1-141 初王七年 2-157 일찍이 왕 7년에

20. 1-163 初百濟 自扶餘璋與高句麗連和 2-187 일찍이 백제는 부여장扶餘璋[무왕] 때부터 고구려와 화친을 맺고

21. 1-181 初太宗王滅百濟 2-214 일찍이 태종왕이 백제를 멸망시키고

22. 1-195 初帝賜王 白鸚鵡雄雌各一隻 2-236 일찍이 황제가 왕에게 흰 앵무새 암수 각 한 마리씩과

23. 1-208 初惠恭王末年 叛臣跋扈 2-255 일찍이 혜공왕 말년에 반역하는 신하가 발호跋扈했을 때

24. 1-212 初德宗幸奉天 2-262 일찍이 덕종이 봉천奉天으로 갔을 때

25. 1-233 初憲康王觀獵 2-292 일찍이 헌강왕이 사냥하러 가는 길에서

26. 1-240 初太祖將通好新羅 2-302 일찍이 태조가 장차 신라와 우호를 통하려 할 때

27. 1-248 初朱蒙在扶餘 2-316 전에 주몽이 부여에 있을 때

28. 1-268 初次大王無道 2-345 이전에 차대왕이 무도하여

29. 1-554 初舒玄路見葛文王立宗之子肅訖宗之女萬明 2-712 일찍이 서현이 길에서 갈문왕葛文王 입종立宗의 아들인 숙흘종肅訖宗의 딸 만명을 보고

30. 1-568 初法敏王 納高句麗叛衆 2-737 그전에 법민왕法敏王이 고구려의 반란한 무리를 받아들이고

31. 1-174 仁貴夙陪大駕 2-203 인귀는 일찍이 임금의 수레를 함께 탔고

32. 1-209 夙奉邦家 2-256 일찍부터 중국을 받들어

33. 1-225 夙夜兢兢 2-280 이른 아침부터 늦은 밤까지 삼가고 두려워하여

34. 1-590 不得夙興 2-772 일찍 일어날 수 없다.

35. 1-199 先是 永宗女入後宮 2-242 이보다 앞서 영종의 딸이 후궁後宮으로 들어왔는데

36. 1-257 先是 樂浪有鼓角 2-330 이에 앞서 낙랑에는 북과 뿔피리가 있어

《역주 목민심서》

1.7-12 無寧<u>早</u>下一令, 1-44 차라리 일찍 명을 내려서

2.7-20 行必<u>早</u>發, 1-77 행차는 반드시 일찍 출발하고

3.7-20 夕必<u>早</u>息。 1-77 저녁에 일찍 쉬도록 할 것이다.

4.7-20 <u>早</u>起促飯, 1-77 일찍 일어나 밥을 재촉하고

5.7-24 或其起太<u>早</u>者, 1-93 혹 너무 일찍 기상을 해도

6.7-33 春夏宜差<u>早</u>。 1-126 봄과 여름에는 조금 이르게 해야 한다.

7.7-39 <u>早</u>晚閒看, 1-143 아침저녁으로 한가로이 읽었다.

8.7-39 何不<u>早</u>白? 1-144 어찌 일찍 말하지 않았는가?

9.7-42 夜寢<u>早</u>起, 1▽156 밤늦게 자고 아침 일찍 일어나니

10.7-67 <u>早</u>絶邪慾, 1-232 일찍이 사욕을 끊어

11.7-79 其停宜<u>早</u>, 1-274 얼른 그만두는 것이

12.7-79 徵瓜太<u>早</u>, 1-275 외과 등속을 너무 일찍 찾아서

13.7-89 <u>早</u>朝晚罷, 1▽307 일찍 조회하고 늦게 파하여

14.7-127 <u>早</u>衙夜退, 2-25 아침 일찍 정사에 임하고 밤늦게 퇴근하니,

15.7-241 業已<u>早</u>下, 3▽37 이미 일찍 내려지면

16.7-241 若此令<u>早</u>頒, 3-37 만약 이 조정의 영이 일찍 알려지면

17.7-261 胡不<u>早</u>諭? 3-86 왜 일찍 지시하지 않았는가?

18.7-262 <u>早</u>知為此家, 3-90 진작 이 집인 줄 알았다면

19.7-264 官<u>早</u>發其奸, 3-95 수령이 일찍이 농간을 적발함에

20.7-311 晚早不同, 3-238 적절한 시기 가 같지 않으며,

21.7-321 宜早爲廠, 3-270 일찍 우리를 만들어주어야 하며

22.7-323 勤者早播也, 3-275 부지런한 자가 일찍 파종한다.

23.7-323 移秧勤者早, 3-275 부지런한 자가 일찍 낸다.

24.7-323 芸除勤者早, 3-275 부지런한 자가 일찍 맨다.

25.7-325 約以農事早晩, 考校賞罰。3-281 농사의 빠르고 늦음으로 상벌을 심사하겠다고 약속할 것이다.

26.7-325 移秧貴早, 3-281 모내기는 일찍 하는 것이 좋으니

27.7-325 欲早移者, 3-281 일찍 하고자 하는 자는

28.7-325 宜亦早種; 3-281 마땅히 일찍 심어야 하고

29.7-325 欲早種者, 3-281 일찍 심고자 하는 자는

30.7-325 宜亦早耕。3-281 마땅히 일찍 갈아야 한다.

31.7-325 宜就早移鄕中於鄕甲面前, 3-281 마땅히 모내기를 먼저 끝낸 면에 가서 그 향갑의 면전에서

32.7-325 其各早圖。3-282 일찍 끝내도록 꾀할 것이다.

33.7-325 凡農事莫如早種, 3-281 무릇 농사는 일찍 심는 것보다 더 좋은 것이 없다.

34.7-328 前一日, 牧早出, 3-299 하루 전에 수령은 일찍 나가

35.7-358 以爲行鄕約太早也。4-23 향약을 시행하는 것이 너무 빠르다고 생각합니다.

36.7-359 早令亡人入土。4-28 돌아가신 이가 속히 흙으로 들어가게 할 것이다.

37.7-397 鄕丞[早]受吏約, 4-156 좌수는 [미리] 아전과 약조하고

38.7-435 [早]晚乘障, 4-272 [바로] 일이 닥쳤을 때

39.7-563 境內陂湖, 最宜[早]治。 5-296 경내의 제방과 저수지는 마땅히 [서둘러] 정비하는 것이 좋겠습니다.

40.7-633 若於此時節氣太[早], 6-122 만약 절기가 너무 [일러서]

41.7-690 已自魏晉之際,[早]有此弊。 6-308 벌써 위魏, 진晉 시대부터라, [이미] 폐단이 있었다.

42.7-44 若居官則束書庋之, [蚤]夜專心公事而已。 1-162 벼슬살이할 적에는 책을 묶어 책장에 넣어두고 마음을 공적인 일에 오로지할 뿐이다./벼슬살이 할 적에는 책을 묶어 책장에 넣어두고 [아침]과 밤에 마음을 공적인 일에 오로지 할 뿐이다.

43.7-78 [蚤]知如此, 誰其食之? 1-271 제길 이럴 줄 알았으면 누가 그걸 먹었겠나./[일찍이] 이럴 줄 알았으면 누가 그걸 먹었겠나.

44.7-104 侯有不臧, 奚不[蚤]告, 1-359 그에게 잘못된 점이 있었다면 왜 [일찍] 충고하지 않고

45.7-322 [蚤]繰而緒, 3-272 [일찍이] 일어나 실을 뽑고

46.7-322 [蚤]織而縷, 3-272 [일찍이] 일어나 베를 짜라.

47.7-624 [蚤]夜備心力不少懈, 6-95 밤[낮]으로 마음과 힘을 다하면서 조금도 해이함이 없었고,

48.7-669 闕明日, [蚤]晨灑然登途, 不亦善乎? 6-226 다음날 이른 [새벽]에 시원하게 귀로에 오르면 또한 좋지 않겠는가.

49.7-18 [先是], 顯宗九年, 1-69 이에 [앞서] 현종 9년에

50.7-42 先是, 官舍有花名妓女者, 1-154 관아에 이전부터 전해오는 기녀妓女라는 이름의 꽃나무가 있었는데

51.7-56 先是, 有慶世封者, 守濟州, 1-198 이보다 먼저 경세봉慶世封이란 사람이 제주의 수령으로서

52.7-86 先是有一兵馬使, 始以江瑤柱餽崔怡, 1-298 앞서 어떤 병마사가 처음 강요주江瑤柱를 최이崔怡에게 바쳐서

53.7-119 先是南海神廟祀時, 1-414 전부터 남해신묘南海神廟에 제사할 때에는

54.7-130 先是, 民人生子多至三四者, 2-36 그전에는 백성들이 자식을 낳아 서너 명에 이르면

55.7-145 先是, 蜀郡有火災, 2-94 전에는 촉군에 화재가 있자

56.7-178 先是, 穎川豪傑大姓, 相與婚姻, 2-211 이전에 영천에는 호족의 대성大姓들이 서로 혼인을 하고

'嘗'은 행위자가 그런 행위를 한 경력의 유무有無를 표현하는 것이다. 그 행위가 수천 년·수백 년·수십 년 전일 수도 있고, 수년·수개월·수일 전일 수도 있으며 심지어 몇 시간·몇 분·몇 초 전일 수도 있다. 경력의 유무를 표시하지 시간의 장단을 표시하지 않는다. 그러나 '일찍이'는 행위자가 그런 행위를 하기 전의 시간의 장단長短을 표현한 것이므로 양자의 개념은 완전히 다르다. 만약 행위의 장단을 강조하려면 '일찍이...적이 있다'로 할 수는 있다. 그러나 '...적이 있다'가 없이 '일찍이'로 번역하면 오류이다.

제四장
'相, 有, 一'의 오역

제3장에서 '嘗(曾)' 자를 취급하였다. 한국의 한문 고전을 번역하는데 가장 많이 범하는 오류이고 또한 이 오류가 마치 정설처럼 되어 있으므로 단독, 중점적으로 '嘗(曾)'을 취급한 것이다. 그다음으로 비교적 많은 오류는 '相, 有, 一'이므로 아래에 이 세 개 단어를 차례로 취급해 보련다.

一 '相'의 오역

《중한사전》 2127페이지의 '相' 자에 대한 해석은 이러하다.

서로 상. 1. 부사. 서로, 함께. 「互相; 서로」 「相親相愛; 서로 사랑하다」 「素不相識; 원래(평소) 알지 못하다」 「相距太遠; 서로 너무 떨어져 있다」 2. 동사의 앞에 쓰여 상대방에게 행하는 동작을 나타내며, 때로는 경어敬語를 냄. 「實不相瞞; 정말 속이지 않다」 「好言相勸; 좋은 말로 권하다」 「我不相信; 나는 믿지 않는다」 「我有點事相煩;

폐를 끼칠 일이 조금 있습니다」「另眼相看; 특히 주의해서 보다」

맨 앞에 '서로 상'이라고 했지만 의미 1은 '서로 상'이지만 의미 2는 '서로 상'이 아니다. 필자는 의미 2를 '일방통행의 상'이라 속칭하고 싶다. 의미 2도 고대 중국어나 현대 중국어에서 모두 빈도 높게 사용된다. 중국인들이 남의 도움을 받고 감사드릴 때 보통 '感謝相助'라고 말하는데 이는 '[당신의 도움에] 감사 드립니다'이다. '[당신의 도움에] 서로 감사 드립니다'로 번역하면 틀린다. 말이 안된다.

한국의 고서 번역에 일방통행의 '相'의 번역에 '서로'를 쓰는 현상이 비일비재하다. 《역주 목민심서》 초판 1993년 9쇄 발행본 제1책 제333페이지에 이런 기록이 있다:

程彦賓 爲羅城使 左右以三處女獻 皆有姿色 公謂女子曰汝猶吾女 安敢相犯 因手自封鎖 置於一室 及朝 訪父母還之 皆泣謝

이 서술에 대한 제1책 제97페이지의 한글 번역은 이러하다:

정언빈程彦賓이 나성羅城에 사자使者로 갔을 때에, 좌우에서 세 사람의 처녀를 바쳤는데 다 자색이 있었다. 그가 처녀들에게 말하기를 "너희는 내 딸과 같다. 어찌 감히 서로 범할 수가 있겠는가?" 하고는 손수 문을 걸어 잠그고 한 방에 두었다가 그 이튿날 아침에 부모를 찾아서 돌려보내니 모두 울면서 감사하였다.

설명: '서로' 범한다는 것은 정언빈도 처녀를 범하고 처녀도 정언빈을 범한다는 말이 된다. 당연 오역이다. 이곳의 '相'은 '일방통행의 상'이다. 2018년 전면개정판에는 이 단락의 번역에 '서로'를 빼버렸으니 올바르게 수정된 셈이다.

《역주 삼국사기》와 《역주 목민심서》는 모두 번역 수준이 비교적 높으므로 일방통행의 '相'에 '서로'를 쓰지 않기에 주의하였다. 그러나 아직도 좀 애매한 곳에 '서로'를 넣어 번역하였다. 아래에 그 오역의 예문을 열거한다.

1 《역주 삼국사기》 '相'의 오역

1.1-99 三姓以齒長相嗣 故稱尼師今 2-97 3성三姓에서 나이가 많은 사람이 서로 이었던 까닭에 이사금이라 불렀다./3성에서 나이가 많은 사람이 이었던 까닭에 이사금이라 불렀다.

설명: 부→자→손→…으로 이은 것이지 부↔자↔손↔…으로 이은 것이 아니므로 '서로'를 넣어 번역하면 오역이다.

2.1-160 皇帝已遣蘇定方 領水陸三十五道兵 伐高句麗 遂命王擧兵相應 2-183 황제께서 이미 소정방을 보내 수군과 육군 35도道의 군사를 거느리고 고구려를 치게 하고, 마침내 왕께 명하여 군사를 일으켜 서로 응원하라고 하였습니다./황제께서 이미 소정방을 보내 수군과 육군 35도의 군사를 거느리고 고구려를 치게 하고 마침내 왕께 명하여 군사를 일으켜 응원하라고 하였습니다.

설명: 신라가 당을 응원하는 것이지 당과 신라가 서로 응원하는 것이 아니다.

3.1-170 子孫相繼 本支不絶 開地千里 年將八百 2-197 자손이 서로 잇고 대대로 끊어지지 않았으며 땅은 천 리를 개척하였고 햇수는 장차 800년이나 되려 하였다./자손이 잇고 대대로 끊어지지 않았으며 땅은 천 리를 개척하였고 햇수는 800년이나 되려 하였다.

4.1-188 小國先王春秋諡號 偶與聖祖廟號相犯 2-226 저희 나라[소국]의 선왕 춘추의 시호諡號가 우연히 성조聖祖의 묘호와 서로 저촉되어/저희 나라 선왕 춘추의 시호가 우연히 성조의 묘호에 저촉되어

설명: 신라 태종무열왕의 시호가 당태종의 시호와 저촉된 것이지 당태종의 시호가 신라 태종의 시호에 저촉된 것이 아니다. 그러므로 '서로 저촉되어'가 아니다.

5.1-204 三星隕王庭 相擊 其光如火迸散 2-250 별 세 개가 왕궁 뜰에 떨어져 서로 맞부딪쳤는데,/별 세 개가 왕궁 뜰에 떨어져 부딪쳤는데,

설명: 별 세 개가 왕국의 뜰과 서로 부딪친 것이 아니라 별이 뜰에 부딪친 것이다.

6.1-245 其所御馬至鯤淵 見大石相對流淚 2-311 그가 탄 말이 곤연鯤淵에 이르러 큰 돌을 보고 서로 마주하여 눈물을 흘렸다./그가 탄 말이 곤연에 이르러 큰 돌을 보고 마주하여 눈물을 흘렸다.

설명: 말이 돌을 마주하여 눈물을 흘린 것이지 돌도 말을 마주 보며 눈물을 흘린 것이 아니다.

7.1-306 王遣將軍高勝 攻新羅北漢山城 羅王率兵過漢水 城中鼓噪相應 2-397 왕이 장군 고승高勝을 보내 신라의 북한산성北漢山城을 쳤다. 신라왕이 군사를 거느리고 한수漢水를 건너오니 성 안

에서는 북치고 소리 지르며 서로 호응하였다./왕이 장군 고승을 보내 신라의 북한산성을 쳤다. 신라왕이 군사를 거느리고 한수를 건너가니 성 안에서는 북치고 소리 지르며 호응하였다.

설명: 성 안과 신라왕이 서로 호응한 것도, 성 안과 백제 고승의 군이 서로 호응한 것도 아니다. 성 안이 신라왕에게 호응을 보낸 것이다.

8.1-309 命刑部尙書衛文昇等 撫遼左之民 給復十年 建置郡縣 以相統攝 2-402 형부상서刑部尙書 위문승衛文昇에게 명하여 요하 동쪽의 백성들을 위무하게 하고 10년 동안 조세를 면제해주고 군현을 두어 서로 통섭하게 하였다./형부상서 위문승에게 명하여 요하 동쪽의 백성들을 위무하게 하고 10년 동안 조세를 면제해주고 군현을 두어 통섭하게 하였다.

설명: 위문승이 요하 동쪽의 백성을 통섭한 것이지 위문승과 요하 동쪽 백성이 서로 통섭한 것이 아니다.

9.1-553 其子孫相承 至九世孫仇亥 2-711 그 자손이 서로 계승하여 9세손世孫 구해에 이르렀다. /그 자손이 계승하여 9세손 구해에 이르렀다.

설명: 자손이 윗세대를 계승하였지 윗세대가 자손을 계승한 것이 아니다.

2《역주 목민심서》'相'의 오역

1.7-60 畢終敬父子, 相代爲兗州太守, 當世榮之。1-213 필종경 畢終敬 부자가 서로 대를 이어 연주태수가兗州太守 되어 당세에서

영광으로 여겼다./필종경 부자가 대를 이어 연주태수가 되어 당세에서 영광으로 여겼다.

설명: 자가 부를 잇지 부자가 서로 이은 것이 아니다.

2.7-70 如有疾病憂患, 要相報者, 數字之書, 1-245 만일 질병이나 우환이 있어서 서로 알려야 할 경우에만 몇 자의 편지를/만일 질병이나 우환이 있어서 알려야 할 경우에만 몇 자의 편지를

3.7-104 故搆會吏民, 令相告訐一切, 1-361 아전과 백성들을 얽어서 모든 것을 서로 고발하도록 하고,/아전과 백성들을 얽어서 모든 것을 고발하도록 하고,

설명: 백성과 아전들이 함께 위의 관료를 고발하는 것이지 백성과 아전들이 위의 관료와 서로 고발하는 것이 아니다.

4.7-140 病者旣愈, 乃召其親戚, 諭之曰: "死生有命。若能相染, 吾死久矣。" 2-78 환자가 다 나은 후에 그들의 친척들을 불러서 "죽고 사는 문제는 명에 달린 것이다. 만약에 서로 전염을 한다면 나는 벌써 죽었을 것이다"라고 깨우쳐 말했다./환자가 다 나은 후에 그들의 친척을 불러서 "죽고 사는 문제는 명에 달린 것이다. 만약에 전염을 한다면 나는 벌써 죽었을 것이다"라고 깨우쳐 말했다.

설명: 환자로부터 환자가 아닌 사람에게 전염되는 것이지 서로 전염되는 것이 아니다.

5.7-178 廣漢教吏為缿筩...及得投書, 削其主名...吏民相告訐, 廣漢得以為耳目。 2-211 조광한이 아전을 시켜 항통을 설치하게 하고 투서가 있으면 투서한 사람의 이름을 삭제하고 ...아전과 백성들도 서로 잘못을 고해바쳐서 조광한은 이를 눈과 귀로 삼았

다./조광한이 아전을 시켜 항통을 설치하게 하고 투서가 있으면 투서한 사람의 이름을 삭제하고 ...아전과 백성들도 잘못을 고해 바쳐서 조광한은 이를 눈과 귀로 삼았다.

설명: 아전과 백성이 함께 범죄자를 고발하는 것이지 아전과 백성이 범죄자와 서로 고발하는 것은 아니다.

6.7-186 上古上下相勉, 奮庸熙載(熙載: 훌륭한 신하들을 찾아 공을 떨치도록 해서 태평성대를 이룩함), 後世此義不明。2-238 상고에는 상하가 서로 권면하며 분용희재奮庸熙載 하였거늘 후세에는 이 뜻이 밝혀지지 못한 것입니다./상고에는 윗사람이 아랫사람을 권면하며 분용희재 하였거늘 후세에는 이 뜻이 밝혀지지 못한 것입니다.

7.7-373 爰及聖朝劉氏, 則屯田秘丞, 父子相繼。4-75 우리 송나라에 와서는 둔전원외랑屯田員外郎과 비서승秘書丞의 유씨劉氏 부자가 서로 잇따랐다./송나라에 와서는 유씨 가문의 아버지의 둔전원외랑과 비서승의 직을 아들이 이어 하였다.

8.7-477 東山里頭民李太雲等, 甘罪侤音, 立案如此。永遠憑考, 勿復 非理相侵, 4-410 동산리 두민頭民 이태운 등이 죄를 받기로 다짐을 받은 다음 이와 같이 입안을 한다. 이에 영구히 증빙을 삼아 다시는 부당하게 서로 침해하지 말아야 할 것이다./동산리 두민 이태운 등이 죄를 받기로 다짐을 받은 다음 이와 같이 입안을 한다. 이에 영구히 증빙을 삼아 다시는 부당하게 침해하지 말아야 할 것이다.

설명: 이태운 등은 죄를 지은 후 다른 사람을 다시는 침해하지 않겠다고 다짐하는 증빙자료를 썼다. '서로 침해하는 것'이 아니라

이태운 등이 다른 사람을 침해하는 것이다. 이곳에 '서로'를 쓰면 당연히 오류이다.

9.7−689 生而祠之, 非禮也。愚民爲之, 相沿而爲俗也。6- 304
살아 있는 사람의 사당을 세우는 일은 예가 아니다. 어리석은 사람들이 시작해서 서로 따라 습속을 이루었다./살아 있는 사람의 사당을 세우는 일은 예가 아니다. 어리석은 사람들이 시작한 후 그것을 따라 하여 습속을 이루었다.

二 '有'의 오역

중국어의 '有' 자는 동사로서 기본적인 뜻은 '있다'이다. 그러나 '有...체언...동사'의 특수 용법은 문장에 속하므로 단어를 상대하는 사전에는 그 용법이 기입되지 않았다. 이때 체언은 겸어謙語이다. 아래《역주 삼국사기》의 예문 1과《역주 목민심서》의 예문 5(고딕으로 된 큰 글자)의 문장성분을 설명하면 이러하다:

時	有	皇龍寺僧年過九十者	曰
부사어	술어	목적어 / 주어	술어

有	善	必	聞
술어	목적어/주어	부사어	술어

첫 번째 단문은 '황룡사에 90세가 넘는 중이 있다黃龍寺有僧 年過九十者'와 '그 중이 말하였다僧曰' 두 단문이 연결되어 한 개 구절로 된 것이고 두 번째 단문은 '선이 있다有善'와 '선을 반드시 듣는다善必聞' 두 단문이 연결되어 한 개 구절로 된 것이다. 중국어에서 '僧…'은 앞 '有' 자의 목적어이면서 뒤 '曰' 자의 주어이다. '善'은 앞 '有' 자의 목적어이며 뒤 '聞' 자의 주어이다. 그러므로 '僧…'과 '善'을 '겸어'라고 한다. 이런 단문을 '겸어구조'라고 한다. 이런 문장은 한국어에 이와 대응되는 구조가 없다. 그대로 한국어로 번역하면 바람직하지 않다.

'有' 자를 없는 것처럼 완전히 무시하고 '황룡사의 중이 말하였다', '선한 일을 듣는다'로 번역하면 된다. '어떤', '한' 또는 '모某' 자를 넣어 '황룡사의 어떤(한/모) 중이 말하였다'로 번역할 수도 있으나 이렇게 번역하면 사족蛇足의 맛이 난다. 그러나 '황룡사에 중이 있다. 그가 말하였다' 또는 '황룡사에 중이 있었는데 그가 말하였다'로 번역하면 군더더기가 끼어 있는 감이 나는 것은 물론이고 말이 순통하지 않다. '선이 있다. 선은 듣게 된다'로 번역해도 마찬가지이다. 어쨌든 '있다'라는 단어가 나타나면 안 좋다.

1 《역주 삼국사기》 '有'의 오역

1.1‒237 時有皇龍寺僧 年過九十者曰 2-298 그때 황룡사에 나이가 90세 넘은 사람이 **있어** 말하였다/그때 황룡사에 나이가 90세 넘은 **한** 중이 말하였다.

2.1‒255 上道有一人 身長九尺許 2-325 길을 떠나려 할 때 한

사람이 **나타났는데** 키가 9척쯤 되었으며/길을 떠나려 할 때 키가 9척쯤 되는 **한** 사람이

3.1-255 又有人曰 2-326 또 어떤 사람이 **나타나** 말하였다./또 **어떤** 사람이 말하였다.

4.1-346 將有遠人來投者乎 2-454 장차 먼 데 **있는** 사람이 투항해오는 자가 있을 것입니다./먼 데의 **한** 사람이 투항해 올 것입니다.

5.1-458 東明之後 有仇台 立國於帶方 2-586 동명東明의 후손에 구태仇台가 **있어서** 대방帶方에 나라를 세웠다/동명의 후손 구태가 대방에 나라를 세웠다.

6.1-599 忽有一佳人 朱顏玉齒 2-786 문득 한 아리따운 사람이 **나타났는데** 붉은 얼굴에 옥같이 하얀 치아에,/문득 **한** 아리따운 사람이 붉은 얼굴에 옥같이 하얀 치아에,

7.1-600 又有一丈夫, 布衣韋帶 2-786 또 한 대장부가 **있었는데** 베옷을 입고 가죽 띠를 둘렀으며,/또 **한** 대장부가 베옷을 입고 가죽 띠를 둘렀으며,

8.1-615 人皆有粟舂之 我獨無焉 2-809 다른 사람들은 모두 곡식이 **있어** 방아질을 하는데 우리만 곡식이 없으니/다른 사람들은 모두 곡식 방아질을 하는데 우리만 곡식이 없으니

9.1-616 又有姚克一者 仕至侍中兼侍書學士 2-811 또 요극일姚克一이란 사람이 **있는데** 벼슬이 시중 겸 시서학사侍書學士에 이르렀는데/또 요극일이란 자는 벼슬이 시중 겸 시서학사에 이르렀는데

2 《역주 목민심서》 '有'의 오역

1.7-43 有老僧紹興末年九十餘, 幼在院爲蒼頭, 能言之。 1-158 소흥紹興(1131~1162) 말년에 90여 세 되는 늙은 중이 **있었는데**, 그가 어릴 적에 보안원의 노복으로 있으면서 본 일이라고 이야기했다/ 소흥 말년에 90여 세 나는 늙은 중이 어릴 적에 보안원의 노복으로 있으면서 본 일이라고 이야기했다.

2.7-43 康津宰有嬖妓, 欲觀燈, 1-159 강진康津 고을의 한 원님이 총애하는 기생이 **있었다**. 그 기생이 등불놀이를 보고 싶어 하자/강진 고을의 한 원님의 총애하는 기생이 등불놀이를 보고 싶어 하자

3.7-47 廣西帥府有鄭牢者, 老隸也, 1-170 광서수부廣西帥府에 정뇌鄭牢라는 자가 **있었는데** 늙은 하인이었다/광서수부의 정뇌라는 자는 늙은 하인이었다.

4.7-51 白蓮寺僧有善諧者, 常誦一聯, 曰: '…。' 1-180 백련사에 우스갯소리를 잘 하는 중이 **있었는데** 그는 항상 '……。'라는 시 구절을 외웠다./백련사에 우스갯소리를 잘 하는 중이 항상 '……。'라는 시 구절을 외웠다.

5.7-89 有善必聞, 1-307 선한 일이 **있으면** 반드시 듣게 되고/선한 일은 반드시 듣게 되고

6.7-89 有惡必見, 1-307 악한 일이 **있으면** 반드시 알게 되며/악한 일은 반드시 알게 되며

7.7-118 郡有內需司奴婢, 皆冒法復戶。 1-409 그곳에는 내수사의 노비들이 **있었는데** 다들 불법으로 복호復戶를 했다/군 내의 내

수사의 노비들이 다들 불법으로 복호를 했다.

8.7-480 忽有一官人, 閱案覈根, 5-19 홀연히 한 관원이 있어
옥안獄案을 조사하여 그 내막을 밝혀서/홀연히 한 관원이 옥안을
조사하여 그 내막을 밝혀서

9.7-515 有貴近家二奴在縣境, 倚依侵奪, 5-134 권세가의 두 노
속이 그 고을 경내에 있으면서 세력을 믿고 침탈하므로/권세가의
두 노속이 그 고을 경내에서 세력을 믿고 침탈하므로

10.7-527 有盜殺人奪牛, 月餘乃覺。5-176 도둑이 사람을 죽이
고 소를 빼앗은 사건이 있었는데 달포가 지나서야 알려지게 되었
다./도둑이 사람을 죽이고 소를 빼앗은 사건이 달포가 지나서야
알려지게 되었다.

3 북역《삼국유사》'有'의 오역

1.56 皇娥游窮桑之野 有神童自稱白帝子 交通而生少昊。황아
가 궁상이라는 들에서 놀다가 자칭 백제의 아들이라는 신동이 있
어 관계하여 소호를 낳고/황아가 궁상이라는 들에서 놀다가 자칭
백제의 아들이라고 자칭하는 신동과 관계하여 소호를 낳고

2.58 有一熊一虎 同穴而居 곰 한 마리와 범 한 마리가 있어 같
은 굴에 살면서/곰 한 마리와 범 한 마리가 같은 굴에 살면서

3.97 便有赤龍 護船而至此矣。때마침 붉은 룡이 있어 배를 호
위하여 이곳까지 왔노라/때마침 붉은 용이 배를 호위하여 이곳까
지 왔노라

4.100 有童男 臥而卽起。사내아이가 들어 있어 누웠다가 일어

났다./사내아이가 누웠다가 곧 일어났다.

5.122 有吉達者可輔國政。 길달이란 자가 **있어** 나라 정사를 도울 만합니다./길달이란 자가 나라 정사를 도울 만합니다.

6.130 王之代有閼川公…庾信公 會於南山亏知巖 議國事。 왕의 시대에 알천 공…유신 공이 **있어** 남산 우지암에 모여 나라 일을 의논하는데/왕의 시대에 알천 공…유신 공이 남산 우지암에 모여 나랏일을 의논하는데

7.141 有大犬如野鹿 自西至泗沘岸 사슴만 하게 생긴 큰 개가 **있어** 서쪽으로부터 사비수 강변에 와서/사슴만 하게 생긴 큰 개가 서쪽으로부터 사비수 강변에 와서

8.161 有明朗法師入龍宮。 傳秘法而來 명랑 법사란 이가 **있어** 룡궁에 들어가 비법을 받아 가지고 왔다고 하오니/요즘 명랑 법사가 용궁에 들어가 비법을 받아 가지고 왔다고 하오니

9.166 有人家婢名吉伊 어떤 사람의 집 계집종이 **있어** 이름이 길이인데/어떤 가문 계집종의 이름은 길이인데

10.196 有一相士奏曰 관상 보는 술객 한 명이 **있어** 황제에게 아뢰기를/관상 보는 술객 한 명이 황제에게 아뢰기를

11.212 軍士有居陁知者 名沈水中 군사 중에 거타지란 자가 **있어** 그의 이름이 물에 가라앉았으므로/군사 중에 거타지란 자의 이름이 물에 가라앉았으므로

12.287 道公之次亦有法深·義淵·曇嚴之流相繼而興敎· 순도 공의 다음에 역시 법심, 의연, 담엄의 전통이 **있어서** 순차로 계승하여 불교를 일으켰다./순도 공의 다음에 또 법심, 의연, 담엄 등이 순차로 계승하여 불교를 일으켰다.

13.297 有博陵崔皓 小習左道 박릉의 최호란 자가 **있어** 잡술左道
을 조금 알아서/ 박릉의 최호란 자가 잡술을 조금 알아서

14.308 有二女曰花寶·連寶 舍身為此寺婢。딸 둘이 **있었는데**
이름을 화보와 련보라 불렀던 바 몸을 바쳐 이 절의 녀종이 되었
다./화보와 연보라 부르는 딸 둘이 몸을 바쳐 이 절의 여종이 되
었다.

15.313 隋煬帝征遼東 有裨將羊皿 不利於軍。수양제가 료동을
정벌할 때에 양명이라고 하는 비장이 **있어** 전쟁이 불리하여/수양제
가 요동을 정벌할 때에 양명이라고 하는 비장이 전쟁이 불리하여

16.328 有牒文云 첩문 글이 **있어** 거기 쓰기를/첩문에 쓰기를

17.369 有興輪寺僧真慈 每就堂主彌勒像前發願誓言 흥륜사에
진자라는 중이 **있어** 매양 법당의 주장 부처인 미륵상 앞에 나가
발원하기를/흥륜사에 진자라는 중이 매양 법당의 주장 부처인 미
륵상 앞에 나가 발원하기를

18.377 日將夕 有一娘子年幾二十 姿儀殊妙 해 질 무렵에 나이
거의 스무 살쯤 된 색시가 **있어** 자태가 절묘하고/해 질 무렵에 나
이가 거의 스무 살쯤 된 색시의 자태가 절묘하고

19.385 有一白衣女人刈稻 師戲請其禾 벼 가을 하는 녀인이 **있**
으므로 법사가 롱담 삼아 그 벼를 달라고 청하였으나/벼 가을 하
는 여인에게 법사가 농담으로 그 벼를 달라고 하였으나

20.385 野中松上有一青鳥呼曰 들 가운데 선 소나무 위에 파랑
새 한 마리가 **있어** 말하기를/들 가운데 선 소나무 위의 파랑새 한
마리가 말하기를

21.387 有一女居洛山下村 問其名 락산 밑 마을에 사는 한 녀

인이 **있어** 그의 이름을 물으니/낙산 밑 마을에 사는 한 여인의 이름을 물으니

22.387 有一石佛異出之 돌부처 하나이 **있으므로** 이를 끌어 내었더니/물 속의 돌부처 하나를 맞들어 올렸더니

23.393 有五羅刹女 往來交通 다섯 명의 계집 악귀가 **있어** 저마끔 내왕하고 교접하기 때문에/다섯 명의 계집 악귀가 내왕하고 교접하기 때문에

24.412 有北向洞可居 북쪽으로 향한 골이 **있어** 살 만하다./북쪽으로 향한 골이 살 만하다.

25.435 有一老狐黑如漆, 但吸吸無息, 俄然而死 웬 칠빛처럼 검은 늙은 여우 한 마리가 **있었는데** 헐떡이면서 숨을 쉬지 못하다가 그만 죽어 버렸다./웬 칠빛처럼 검은 늙은 여우 한 마리가 헐떡이면서 숨을 쉬지 못하다가 갑자기 죽어 버렸다.

26.438 有檀越尼 納田於占察寶 시주 녀승이 **있어** 점찰보에 전토를 바쳤으니/시주 여승이 점찰보에 전토를 바쳤으니

27.456 有異禽 含菓來供 이상한 새가 **있어** 과실을 물어다가 바치니/이상한 새가 과실을 물어다가 바치니

28.462 有釋圓勝者 先藏西學 원승이라는 중이 **있어** 자장보다 먼저 서방으로 유학하여/원승이라는 중이 자장보다 먼저 서방으로 유학하여

29.463 有主寺者 給寺奴一人 一夕饌栗二枚 절을 주관하는 자가 **있어** 절의 종에게 한 끼 저녁 끼니로 밤 두 개씩 주었더니/절을 주관하는 자가 절의 종에게 저녁 끼니로 밤 두 개씩 주었더니

30.468 有一摩尼寶珠 光明屬遠 마니 구슬 한 개가 **있어** 그 광

명이 멀리 비치였다./한 마니 구슬의 광명이 멀리 비치었다.

31.478 有僧行懺法. 以皮作帖子二枚 참법을 하는 중이 **있어** 가죽으로 쪽지 두 장을 만들어/참법을 하는 한 중이 가죽으로 쪽지 두 장을 만들어

32.500 有密本法師 以德行聞於國 밀본 법사란 이가 **있어** 덕행으로 국내에 소문이 났으므로/밀본 법사란 자가 덕행으로 국내에 소문이 났으므로

33.504 唐室有公主疾病 高宗請救於三藏 당나라 왕실에 공주가 **있었는데** 병이 위독하여 고종이 무외에게 치료를 청하니/당나라 왕실 공주의 병이 위독하여 고종이 무외에게 치료를 청하니

34.511 有比丘尼名智惠 多賢行 녀승이 **있어** 이름을 지혜라고 하니 어진 행실이 많았고/한 여승의 이름을 지혜라고 하며 어진 행실이 많았고

35.514 有一堂 設女仙像。한 채 집이 **있어** 녀자 신선의 상을 설치해 두었다./한 채의 집에 여자 신선의 상을 설치해 두었다.

36.515 有阿干貴珍家一婢名郁面 아간 귀진의 집에 계집종이 하나 **있어** 이름이 욱면이었다./아간 귀진의 집 한 계집종의 이름이 욱면이었다.

37.517 有好事者範金塔一座 일 좋아하는 자가 **있어** 금탑 한 개를 본떠 만들어/한 호사자가 금탑 한 개를 본떠 만들어

38.532 有郎君金現者 夜深獨遶不息。화랑으로 김현이란 사람이 **있어** 밤이 깊은데도 혼자 쉬지 않고 돌더니/화랑 김현이란 자가 밤이 깊은데도 혼자 쉬지 않고 돌더니

39.533 有老嫗問女曰 웬 로파가 **있다가** 처녀에게 묻기를/웬 노

파가 처녀에게 묻기를

40.543 有沙彌智通, 伊亮公之家奴也。 지통이라는 상좌 중이 있었는데 이량공의 집 종이였다/지통이라는 상좌 중은 이량공 집의 종이었다.

41.552 南有村名俗休 今訛云小花里。 절 남쪽에 있는 마을 이름이 속휴인데 지금은 틀리게 불러 소화리라고 한다./절 남쪽 마을 속휴를 지금은 틀리게 불러 소화리라고 한다.

42.552 有信忠奉聖寺 與此相混 신충 봉성사라는 절이 있어 이 절과 서로 혼동되고 있다/신충 봉성사라는 절이 이 절과 서로 혼동되고 있다.

43.554 有釋成梵 始來住寺。 성범이라는 중이 있어 처음으로 와서 절에 살면서/성범이라는 중이 처음으로 와서 절에 살면서

三 '一'의 오역

'一' 자는 수사, 형용사로 많이 쓰이고 부사로도 쓰인다. 부사로 쓰이는 경우 '...기만 하면...'으로 번역해야 가장 적중하다. '일단...'으로 번역해도 무방하다. 《역주 삼국사기》와 《역주 목민심서》의 적지 않은 이런 곳을 맞게 번역하였다. 아래에 맞게 번역한 《역주 목민심서》의 한 가지 예를 든다:

7-200 一展圖帳, 則不待親自經歷, 而固已豁然於目中, 2-278 일단

도장을 펼쳐놓으면 몸소 일일이 둘러보지 않아도 실로 눈앞에 명료합니다.

그러나 자칫 수량사 '한 번'으로 오역하는 수가 많다. '한 번'이라 번역하기 불편한 어떤 곳은 아예 부사 '一'을 무시하고 빼버린 번역도 있다. 《역주 삼국사기》에서는 한 곳만 발견되었으나 《역주 목민심서》에는 아주 많이 나타났다.

1 《역주 삼국사기》 '一'의 오역

1.1-251 今使者一至而自殺 安知其非詐乎 2-320 이제 왕의 사자가 한 번 온 것으로 자살한다면 그것이 속임수가 아님을 어떻게 알 수 있습니까?/지금 왕의 사자가 오자마자 자살한다면 왕의 지시가 거짓이 아님을 어떻게 알겠습니까?

2 《역주 목민심서》 '一'의 오역

1.7-40 一有所狃, 其一政一令, 皆受疑謗, 1-148 한 번 가까이하게 되면 정사 한 가지, 명령 하나도 의심과 헐뜯음을 받아/가까이 하기만 하면 정사 한 가지, 명령 하나도 의심과 헐뜯음을 받아
설명: '一有所狃'의 '一'은 부사이고 '一政一令'의 一은 수사이다.
2.7-42 其中一有飢寒困乏, 或罹於刑獄, 號呼顚連, 視天無光, 慘然無生世之樂者, 1-154 그중에 한 사람이라도 춥고 배고파 고달프거나 벌을 받아 울부짖고 쓰러져서, 하늘을 보아도 캄캄하고

참담하여 세상 살아갈 즐거움이 없어져서/그중에 춥고 배고파 고달프거나 벌을 받아 울부짖고 쓰러져서, 하늘을 보아도 캄캄하고 참담하여 세상 살아갈 즐거움이 없어진 자가 있기만 하면

3.7-42 一聞鼓樂之音, 必縐(頮)[額]努目, 詬於路而詛於天矣。 1-154 풍악 소리를 들으면 반드시 이맛살을 찌푸리고 눈을 부릅뜨며 길바닥에다 욕을 퍼붓고 하늘을 저주할 자가 있을 것이다./풍악 소리를 듣기만 하면 반드시 이맛살을 찌푸리고 눈을 부릅뜨며 길바닥에다 욕을 퍼붓고 하늘을 저주할 것이다.

설명: 본문에서는 '一' 자를 탈역하였다.

4.7-44 縣令一遊僧寺, 僧之所費殆折半年之用。 1-160 고을의 수령이 한 번 절에서 놀고 나면 중들은 접대하는 비용으로 거의 반년 동안의 생활비를 소비하게 된다./고을의 수령이 절에서 놀기만 하면 중들은 접대하는 비용으로 거의 반년 동안의 생활비를 소비하게 된다.

5.7-49 搢紳一登仕籍, 轉昳富盛利厚官高, 則是能品, 1-176 진신이 한 번 벼슬길에 올라서 잠깐 사이에 재산이 많아지고 이익이 두터워지고 관직이 높아지면 이들을 유능한 사람이라 하며/진신이 벼슬길에 올라섰으므로 잠깐 사이에 재산이 많아지고 이익이 두터워지고 관직이 높아지기만 하면 이들을 유능한 사람이라 하며

6.7-61 若一投足, 官伯之號, 不可辭也。 1-215 만약 발을 들여놓게 되면 '관백'의 칭호를 면하기 어렵다./발을 들여놓기만 하면 '관백'의 칭호를 면하기 어렵다.

7.7-67 房之有嬖, 閨則嫉之, 擧措一誤, 聲聞四達, 1-231 집안에 애첩을 두게 되면 부인이 질투하기 마련이고 행동이 한번 잘

- 112 -

못 되면 소문이 사방으로 나간다./집안에 애첩을 두면 부인이 질투하기 마련이고 행동이 잘못되기만 하면 소문이 사방으로 나간다.

8.7–70 一與款洽, 卽墮術中。1-244 한 번 친절하고 흡족하게 대해주면 그들의 농간에 빠지기 쉽다./친절하고 흡족하게 대해주기만 하면 그들의 농간에 빠지기 쉽다.

9.7–114 凡上納之物, 一入其手, 太半消融, 1-396 무릇 상납물이 한 번 그들 손에 들어가면 태반이 녹아 없어지는데/무릇 상납물이 그들의 손에 들어가기만 하면 태반이 녹아 없어지는데

10.7–122 一經漂船, 數島必亡, 1-424 표류선이 한 번 지나가고 나면 몇 개의 섬이 온통 망하기 때문에,/표류선이 지나가기만 하면 몇 개의 섬이 온통 망하기 때문에,

11.7–154 一為所誘, 則與之同陷矣。2-126 한 번 유혹에 넘어가면 그들과 한통속으로 빠지고 만다./유혹에 넘어가기만 하면 그들과 한통속으로 빠지고 만다.

12.7–165 凡屬公之婢, 一入官籍, 並其子女皆為公賤, 2- 164 무릇 속공되는 비婢는 한 번 장부에 오르면 그 자녀도 모두 관노비가 되니/무릇 속공되는 비는 장부에 오르기만 하면 그 자녀도 모두 관노비가 되니

13.7–171 一有名目, 皆能侵虐小民, 2-183 하나라도 명목만 있으면 그것이 곧 백성들을 침학하고 촌락에 해를 끼치게 되니/명목이 있기만 하면 그것이 곧 백성들을 침학하고 촌락에 해를 끼치게 되니

14.7–174 一經薦報, 子孫稱述。2-195 한 번 천거를 거치면 그 자손들이 두고두고 기리는 바가 될 것이다./천거를 거치기만 하면

그 자손들이 두고두고 기리는 바가 될 것이다.

15.7-181 況中夜一出, 朝已滿城哄矣。2-220 하물며 밤중에 한 번 나갔다 하면 아침에는 이미 온 읍내에 소문이 왁자지껄한데,/하물며 밤에 나가기만 하면 아침에는 이미 온 읍내에 소문이 왁자지껄한데,

16.7-203 惟恐一擧其趾, 遂荷重稅, 2-286 조금이라도 발을 들어 밭을 갈면 무거운 세 부담을 지게 될까 두려워하여/발을 들여 놓기만 하면 무거운 세 부담을 지게 될까 두려워하여

17.7-238 一有耗穀之散賣, 而憑公料販者出; 3-27 한번 모곡耗穀의 산매가 있으면 공무를 핑계로 요판하는 자가 나오고,/모곡의 산매가 있기만 하면 공무를 핑계로 요판하는 자가 나오고,

18.7-238 一有賑政之經紀, 而挾詐反弄者多。3-27 한번 진정賑政의 시행이 있으면 협잡과 사기로써 농간부리는 자가 많다./진정의 시행이 있기만 하면 협잡과 사기로써 농간부리는 자가 많다.

19.7-284 一有求乞, 必徵於民庫者何歟? 3-157 한번 와서 구걸하면 반드시 민고에서 징수하니 무슨 일인가./구걸하기만 하면 반드시 민고에서 징수하니 무슨 일인가.

20.7-297 官每一出, 3-197 수령이 매양 한 번 행차할 때면/수령이 매양 행차하기만 하면

21.7-303 一有惠政, 聲聞遠播; 3-213 한번 너그러운 정사가 있어도 소문이 멀리 퍼질 것이요,/너그러운 정사가 있기만 하면 소문이 멀리 퍼질 것이요,

22.7-303 一有疵政, 聲聞遠播, 3-213 한번 각박한 정사가 있어도 소문이 멀리 퍼질 것이다./각박한 정사가 있기만 하면 소문이

멀리 퍼질 것이다,

23.7-314 民一冒荒名, 幸脫徵輸, 3-247 자기 농지가 한번 황전
荒田으로 편입되면 징수 대상에서 벗어나기 때문에/자기 농지가
황전으로 편입되기만 하면 징수 대상에서 벗어나기 때문에

24.7-347 敕奇一到, 列邑騷擾。3-361 칙기가 한번 당도하면 여
러 고을이 소란스럽다./칙기가 당도하기만 하면 여러 고을이 소란
스럽다.

25.7-351 灰盒, 自今一並銅造, 一造之後, 永久留用, 3-372 재
떨이는 지금부터는 일체 놋쇠로 만들고, 한번 만든 뒤에는 영구히
두고 쓰게 되면,/재떨이는 지금부터는 일체 놋쇠로 만들고, 만들
기만 하면 영구히 두고 쓰게 되면,

26.7-386 以爲此法一變, 國必危亡。4-116 이 법이 한번 바뀌면
나라가 필시 위태롭고 망할 것으로 생각했기 때문이다./이 법이 바뀌기
만 하면 나라가 필시 위태롭고 망할 것으로 생각했기 때문이다.

27.7-386 一有變亂, 卽土崩瓦解之勢莫之能禦也。4-116 한번
변란이 일어나고 보면 땅이 꺼지고 지붕이 무너지는 듯한 형세가
걷잡을 수 없이 될 것이다./변란이 일어나기만 하면 산산이 무너
지는 듯한 형세가 걷잡을 수 없이 될 것이다.

28.7-386 貧士一經此辱, 卽垂首喪氣, 4-117 가난한 선비가
한번 이런 욕을 당하면 의기가 꺾여서 다시는 한 마디 말도 못하
게 된다./가난한 선비가 이런 욕을 당하기만 하면 의기가 꺾여서
다시는 한 마디 말도 못하게 된다.

29.7-399 一爲根田, 遂無移動, 4-161 한번 역근전이 되면 끝내
이동이 없이/역근전이 되기만 하면 끝내 이동이 없이

30.7-400 一撼其根, 千家騷擾, 4-165 한번 그 뿌리를 흔들어놓으면 수많은 민호가 소요하여/그 뿌리를 흔들어놓기만 하면 수많은 민호가 소요하여

31.7-402 一入軍保, 則目前所納, 殆至十兩, 4-169 한번 군보에 오르면 당장에 바쳐야 할 것이 거의 10냥이 될 것이요,/군보에 오르기만 하면 당장에 바쳐야 할 것이 거의 10냥이 될 것이요,

32.7-402 一置役田, 則應役者, 不害於保命; 4-171 한번 역근전을 설치하면 군역에 응하는 자는 생명을 보전하는 데 해로움이 없을 것이며/역근전이 설치되기만 하면 군역에 응하는 자는 생명을 보전하는 데 해로움이 없을 것이며

33.7-415 官一發虛氣, 吏已覘顏色, 4-209 수령이 한번 허세를 부리면 아전들은 그 안색을 살펴서/수령이 허세를 부리기만 하면 아전들은 그 안색을 살펴서

34.7-423 一入庫中, 官不致察, 4-231 한번 창고 안에 들어가면 수령이 자세히 살펴보지도 않는다./창고 안에 들어가기만 하면 수령이 자세히 살펴보지도 않는다.

35.7-439 我若一動, 慮有不測之變。 4-288 내가 한번 움직이고 보면 짐작 못할 일이 생길까 우려된다./내가 움직이기만 하면 짐작 못할 일이 생길까 우려된다.

36.7-489 一經檢驗, 遂成敗村, 5-48 한번 검험을 겪으면 마침내 폐촌이 되니/검험을 겪기만 하면 마침내 폐촌이 되니

37.7-492 一遭捕繫, 動隔炎涼, 5-57 한 번 잡아 들이면 계절이 바뀌도록 붙잡아두니/잡아 들이기만 하면 걸핏하면 계절이 바뀌도록 붙잡아두니

38.7-498 鈴聲一動, 一府悚然。5-77 설렁줄 요령 소리 **한 번** 울림에 온 고을이 두려워 떤다./요령 소리 울리**기만 하면** 온 고을이 두려워한다.

39.7-502 下民一被此刑, 終身不敢祭其父母云。5-90 하민下民이 **한 번** 이 벌을 받으면 종신토록 자기 부모의 제사를 지내지 못한다고 한다./하민이 이 벌을 받**기만 하면** 종신토록 자기 부모의 제사를 지내지 못한다고 한다.

40.7-506 一有凍餒, 有死而已。5-105 **한번** 추위와 굶주림을 당하면 죽음이 있을 따름이다./추위와 굶주림을 당하**기만 하면** 죽음이 있을 따름이다.

41.7-511 朝局一變, 大勢已傾, 則雖議政大臣, 5-120 정국이 **한 번** 변하여 대세가 기울면 비록 정부의 정승이라도 능멸과 모욕을 받게 되는데,/정국이 변하**기만 하면** 대세는 기울고 비록 정부의 정승이라도 능멸과 모욕을 받게 되는데,

42.7-523 一入廉記, 不復按覈, 5-162 **한 번** 염기廉記(조사 기록)에 오르면 다시는 더 조사하지 않고/염기에 오르**기만 하면** 다시는 더 조사하지 않고

43.7-527 一有所犯, 卽斷之以律, 5-176 **한 번**이라도 범하는 자가 있으면 즉시 법률로써 처단하여/범하는 자가 있**기만 하면** 즉시 법률로써 처단하여

44.7-551 一有樵採, 卽兵營・巡營虎校狼胥, 5-255 땔나무라도 채취하는 날엔 곧 병영兵營과 순영巡營의 호랑이 같은 군교와 이리 같은 아전이/땔나무를 채취하**기만 하면** 곧 병영과 순영의 호랑이 같은 군교와 이리 같은 아전이

설명: 본문에서 '一' 자를 탈역하였다.

45.7-589 路一開, 傳相慕效, 5-385 길이 한번 열리면 전하여 본을 떠서/길이 열리기만 하면 서로 전하여 본을 떠서

46.7-590 生面一露, 傳相指點, 5-387 낯선 얼굴이 한번 나타나면 서로 이야기하고 손가락질하기 때문에/낯선 얼굴이 나타나기만 하면 서로 손가락질하기 때문에

47.7-590 一有戢捕, 卽嘍囉·小卒星夜飛奔, 使之逃躲。5-387 한 군데서 도둑이 잡히게 되면 누라와 졸개들이 밤중에 나는 듯이 달려가서/도둑이 잡히기만 하면 졸개들이 밤중에 나는 듯이 달려가서

설명: 부사 '一'을 양사로 하기 위해 '군데서'라는 명사를 억지로 도입하였다.

48.7-591 縣令一動, 在下者, 一時俱動也。5-392 현령이 손을 한 번 움직이면 아래 있는 사람들도 일시에 같이 손을 움직이게 된다./현령이 움직이기만 하면 아래 있는 사람들도 일시에 움직이게 된다.

49.7-601 一遇凶年, 唯知勸分而已, 6-27 한번 흉년을 만나면 오직 권분을 일삼을 뿐이니/흉년을 만나기만 하면 오직 권분을 일삼을 뿐이니

50.7-613 一遇凶年, 富民先困。6-63 한번 흉년을 만나면 부민들이 먼저 곤욕을 치르게 된다./흉년을 만나기만 하면 부민들이 먼저 곤욕을 치르게 된다.

51.7-630 一離鄕土, 道路艱辛, 往往失所, 甚者橫有死亡。6-114 한번 향토를 떠나고 보면 도중에 고생에다 왕왕 살 곳을 잃

게 되며/향토를 떠나기만 하면 도중에 고생에다 왕왕 살 곳을 잃게
되며

52.7-635 一遇凶年, 有死而已。6-127 **한번** 흉년을 만나면 죽음
이 있을 뿐이다./흉년을 만나기만 **하면** 죽음이 있을 뿐이다.

53.7-658 一發檢督, 餘無足觀。6-187 검독을 **한번** 내보냈다면
나머지는 더 볼 것도 없다./검독을 내보내기만 **하면** 나머지는 더
볼 것도 없다.

54.7-666 宅里一空, 無緣復實, 6-214 집과 마을이 **한 번** 비면 다
시 채워질 수 없고/집과 마을이 비기만 **하면** 다시 채워질 수 없고

55.7-682 朋比傾陷, 一為所擯, 卽民之乞宥者, 亦罹文網, 6-
278 붕당이 형성되어 넘어뜨리고 모함하여 **한 번** 배척을 당하고 나
면 그의 죄를 용서해달라고 청원하는 백성 역시 걸려들어/붕당이 형
성되어 넘어뜨리고 모함하여 배척을 당하기만 **하면** 그의 죄를 용서
해달라고 청원하는 백성 역시 걸려들어

56.7-690 一出行, 僮人爭舁之, 6-306 외출을 하게 되면 사람들
이 서로 가마를 메려고 다투어/외출을 하기만 **하면** 사람들이 서로
가마를 메려고 다투어

설명: 본문에서 '一' 자를 탈역하였다.

3 '一'과 '一番'

수량사 '한 번'을 '一'로 표시한 곳도 적지 않다. '一'이 수사냐,
아니면 부사냐? 간단한 식별 방법은 '一' 뒤에 명사가 붙으면 수사
이고 동사가 붙으면 부사이다. 아래의 두 예문의 '一'은 수사이다.

22.7-84 嘗以俸易一紅褐寄之。/녹봉으로 붉은 모포 한 장을 구해 보낸 적이 있다.

32.7-161 余嘗使一走卒, 見其頗敏捷, 使之/나는 한 관노가 민첩해서 부린 적이 있다.

또한 확실히 '한 번'이라는 뜻으로 '一' 자를 쓸 때 '一番'이라고 표기한 곳도 적지 않다.《역주 목민심서》에 '一番'으로 '한 번'을 표시한 곳이 많다. 아래에 그 예문을 든다.

1.7-27 此事須有大査竅一番, 1-107 이 일은 **한 번** 전반적인 조사가 있을 것이니

2.7-70 親戚故舊或居本邑, 或居鄰邑, 宜一番延見, 1-245 친척이나 친구가 본 고을이나 이웃 고을에 살면 **한 번**은 초청하여 보고

3.7-70 一番往見, 以時餽遺, 1-245 **한 번**은 가서 보며, 때때로 선물을 보내되,

4.7-185 一番京行, 本非大勞, 與他因公上京者, 其勞宜同, 2-234 **한 번**의 서울 걸음이 본래 큰 노고라 할 것도 없고 또 다른 공무로 상경하는 경우와 그 수고로움이 마찬가지이다.

5.7-225 實未嘗一番目見, 成冊頒示, 其可已乎? 2-350 실제로 **한 번**도 눈으로 보지 못하였으니 책자로 만들어 배포하지 않을 수 있겠는가.

6.7-291 一番橫斂, 其後來者, 諉之以舊例, 3-177 **한 번** 함부로 징수하면, 이후의 수령은 이를 구례로 핑계 대고

7.7-330 一番開路, 遂成恒典。3-305 **한 번** 이 길을 열어놓으면

드디어 불변의 관례가 된다.

8.7-453 必經一番明決, 一立一落, 而後乃可休息。4-334 판결을 명백히 내려 한쪽이 이기고 한쪽이 지게 된 다음에야 비로소 일이 끝난다./판결을 한 번 명백히 내려 한쪽이 이기고 한쪽이 지게 된 다음에야 비로소 일이 끝난다.

설명: 이곳의 '一番'은 탈역되었다.

9.7-469 一番就訟, 糜費不些, 4-388 한 번 송사하러 가는 데에 소요되는 경비가 적지 않을 것이다.

10.7-583 春融夏澇, 土面酥解, 則再制一番, 蔑不可矣。5- 362 봄에 얼었던 땅이 녹고 여름에 비에 젖어서 표면이 물러 풀어지면 한 번 더 깎아내도 안 될 것은 없다.

11.7-640 若然, 開賑之日, 一番點閱, 斯足矣。6-139 만약 이렇다면 진장을 개설하는 날에 한 번 점검하여 살펴보면 족할 것이다.

그러므로 부사 '一'을 '한 번'으로 번역하는 것은 오역으로 보아야 맞다.

제五장
'퇴색어'의 오역

한국어에 이런 단어들이 있다. 그는 원래 확실한 명사였는데 점점 원뜻이 퇴색되었다. 원래의 뜻은 뉘앙스로 약간 남아 있기만 하고 원래의 뜻과 아주 미비한 관계가 있는 많은 단어들이 파생했다. 이런 명사를 불완전명사라고도 한다.

'판'은 아마 한자 '板'에서 온 한자어일 듯한데 그의 뜻은 얇고 넓다란 모형의 물체를 가리킨다. 예를 들면 '널판, 바둑판, 장기판, 떡판, 빨래판 ...' 등이다. '판'의 뜻이 약간 퇴색되어 '얼음판, 씨름판, 싸움판, ...' 등의 단어가 파생했다(파생1). 좀 더 퇴색되어 '놀음판, 장난판, 개판, 사기詐欺판 ...' 등이 파생했다(파생2).

또 '체'는 아마 한자 '體'에서 온 한자어일 듯하며 모종 유형의 물체를 가리킨다. '정방체正方體, 입체立體, 신체 ...' 등이다. 체'의 뜻이 약간 퇴색되어 '기체, 액체, 도체, 죽은 체 ...' 등이 파생했다(파생1). 좀 더 퇴색되어 '아는 체, 모르는 체, 잘난 체, 못난 체, 배고픈 체 ...' 등이 파생했다(파생2).

'기(끼)'는 아마 한자 '氣'에서 온 한자어일 듯하다. '연기煙氣, 온기溫氣, 열기熱氣' 등이다. 이 '기'의 뜻이 좀 퇴색되어 '풍기風氣, 화기和氣, 사기士氣' 등이 파생했다. 좀 더 퇴색되어 '바람기(끼), 딴따라기

(끼), 인기(끼)' 등이 파생했다(파생2).

이 파생어, 특히 파생2는 그와 대응되는 중국어 단어가 없으므로 다른 무엇으로 번역하거나 아예 무시해 버릴 수도 있다. 중국어에는 이런 퇴색어가 한국어보다 더 많으며 사용빈도도 한국어보다 퍽 높다. 이런 단어들은 한국어에 대응되는 단어가 없으므로 역시 다른 무엇으로 번역하거나 걸러버리고 무시해도 괜찮다.

필자가 1987년 한국에 처음 방문 왔을 때 거리 도처에 '불불불 불조심(3+3)', '안전벨트 생명벨트(4+4)'라는 플래카드가 많이 걸려 있는 것을 보았다. 이는 '불조심 하자(3+2)', '안전벨트 매자(4+2)'라 하는 것보다 음절 수를 맞추어 음악적 리듬을 살리거나 대칭미를 추구하는 일종 언어의 수식 예술일 것이다. 이런 예술적, 리듬적 효과를 나타내기 위해 부득불 언어 자체에 별로 필요 없는 음절들을 들러리로 삽입해 넣어야 한다.

중국어는 형태・어미의 변화와 토씨가 없는 고립어이므로 광범위하게 건축미, 대칭미를 추구한다. 아마 세계 언어 중에서 이런 예술적 미를 가장 추구하는 언어일 것이다. 중국어는 또한 한 개 음절로 구성된 단어가 많으므로 이런 언어예술을 추구하기 위하여 의미상 그리 필요치 않은 '들러리' 음절을 많이 보충해 넣는다. 번역 시 이런 글자도 역시 걸러버릴 필요가 있다.

예를 들면 상품광고에 '物美價廉, 歡迎選購(물품도 좋고 가격도 저렴하니 선택해 구매할 것을 환영합니다)'라는 말을 많이 쓰는데 이 중 '選' 자는 들러리이다. 만약 '選' 자를 쓰지 않고 '物美價廉, 歡迎購'라고 하면 마치 집의 네 기둥 중 하나가 부러진 듯, 승용차의 네 바퀴 중 하나가 떨어져 나간 듯하다. '物美價廉, 歡迎選購'를 한국어로 '좋은 물품을 싸게 팝니다'라고 번역하면 그뿐이다.

또 몇 년 전까지만 하여도 중국의 도처에 '計劃生育, 人人有責'라는 구호를 많이 보았을 것이다. 그대로 번역하면 '생육을 계획적으로 함은 사람마다 책임이 있다'이다. 사실은 '要計劃生育'(산아제한을 하자, 또는 아이를 적게 낳자)이란 5자의 말을 8자로 쓴 것이다. 4+4의 대칭미·건축미를 추구하기 위해 들러리 음절을 여러 개 삽입한 것이다.

한문 문장에 중국 조대 이름이 나타날 때 자주 '有唐(당나라)', '有明(명나라)', '有淸(청나라)'...이라는 표기를 많이 볼 수 있다. 이중의 '有' 자는 음절 수를 불리려는 들러리이다. 또 관료가 금방 도착하였음을 '下車伊始'라고 하는데 이곳의 '伊' 자도 아무런 의미가 없는 음절 수를 불리기 위한 들러리이다. '下車始'라고 하면 한 음절이 결여되어 좀 어색하다.

한문에 퇴색어가 많은 데는 여러 가지 이유가 있다. a. 비록 퇴색되었다 하더라도 의미상 약간 필요한 퇴색어, b. 의미상에는 필요 없지만 음절 수를 맞추기 위해 넣은 들러리어, c. 의미상의 용도도 좀 있고 음절 수를 맞추기 위한 용도도 좀 있는 퇴색어 등이다.

a의 경우는 퇴색어를 적당한 단어로 번역할 수 있지만 b의 경우는 완전히 무시해도 괜찮다. c의 경우는 적당히 고려하여 선처하면 된다. 이런 퇴색어, 들러리어를 한자 자면字面 그대로 번역하면 오류이다. 적어도 군더더기이다. 한국의 한문 번역에 이런 단어들을 자면 그대로 옮겨 번역하는 사례가 많다. 무슨 술어로 이런 단어를 표현하여야 좋을지 몰라 필자는 본서에서 일단 '퇴색어·들러리어'라 하고 이런 단어를 그대로 옮겨놓은 번역문을 '군더더기어'로 호칭하려다.

一 퇴색어 '將'의 오역

'將' 자의 뜻은 여러 가지이다. 그중 《중한사전》 931페이지 '將' 자의 뜻 ⑿: 뭐 장차. 막. 곧:「船將啓碇; 배가 닻을 올리고 막 떠나려 한다」「將要走的時候, 下起大雨來没能走; 막 출발하려고 할 때 큰 비가 내려 갈 수가 없었다」「大風將至; 태풍이 곧 오려고 한다」

그러나 이 부사 '將' 자의 많은 사례는 퇴색어이고 뉘앙스로 의미만 나타내므로 한국어에 대응되는 단어가 없다. 이들을 '장차. 막. 곧'으로 번역하면 타당치 않다. 비록 사족이긴 하지만 '막, 곧'으로 번역하면 좀 낫고 '장차'로 번역하지 말아야 한다. 군더더기에 속한다.

가령 한문 '我明日將前往北京'을 한국어로 '나는 내일 장차 북경에 간다'로 번역했다고 하자. 한국인의 눈에 이 번역문 중의 '장차'가 아무리 보아도 군더더기 맛이 난다. 그러나 원문에 '將' 자가 번연히 있으므로 부득불 이렇게 번역하고 만다. '나는 내일 북경에 가련다(가려고 한다, 가겠다, 갈 것이다, 가고자 한다)'로 번역하면 된다. '가련다'의 '련', '가려고 한다'의 '려', '가겠다'의 '겠', '갈 것이다'의 'ㄹ것', '가고자 한다'의 '고자'로 '將' 자의 뜻을 표현해도 한문 '將' 자의 뜻이 충분히 표현된다. 이처럼 한국어에는 문법적으로 한문 번역의 군더더기를 피하는 수단이 많다.

아래에 《역주 삼국사기》와 《역주 목민심서》에 '將' 자가 나타난 단문을, '장차'를 써서 번역했건 쓰지 않고 번역했건 몽땅 열거한다. 단 편폭이 너무 크므로 《역주 삼국사기》는 《고구려 본기》의 것만을, 《역주 목민심서》는 제4책의 것만 열거한다. 사선 앞엣것은 원 번역문이고 사선 오른쪽의 것은 필자의 수정 번역문이다.

1《역주 삼국사기》퇴색어 '將'의 번역

《역주 삼국사기》에 '將'의 오역이 너무 많으므로《고구려 본기》의 것만 수록한다.

1.1-246 將使吾子孫立國於此 2-312 장차 내 자손으로 하여금 이곳에 나라를 세우게 할 것이니/내 자손으로 하여금 이곳에 나라를 세우게 할 것이니

2.1-246 國人將害汝 2-313 나라 사람들이 장차 너를 해칠 것이다./나라 사람들이 너를 해치려 할 것이다.

3.1-249 我將重賞之 2-317 나는 장차 그에게 후한 상을 줄 것이다./나는 그에게 후한 상을 주련다.

4.1-252 臣將事之 2-322 신은 왕을 섬길 것이고,

5.1-256 知國之將亡 2-327 나라가 장차 망할 것을 알고/나라가 망할 것을 알고

6.1-258 恐禍將及 2-331 화가 장차 자신에게 미칠까 염려하여/화가 자신에게 미칠까 염려하여

7.1-265 將焉用哉 2-340 장차 어디에 쓰겠소?/어디에 쓰려고 하오?

8.1-265 吾齒卽將暮矣 2-340 내 나이도 장차 저물어가니/내 나이도 저물어가니

9.1-265 此何異將以單縷繫萬鈞之重而倒曳乎? 2-341 이것은 한 가닥 실로 만 균萬鈞의 무게를 매어서 거꾸로 끌려고 하는 것과 무엇이 다르겠습니까?

10.1-265 遂成將叛 2-341 수성이 장차 반란을 일으킬 터이니/수성이 반란을 일으킬 터이니

11.1-273 將歸 2-352 돌아가려 할 때

12.277 將何面目見國壤於地下 2-358 앞으로 지하에서 무슨 면목으로 국양國壤을 뵈얼 것이요?/지하에서 무슨 면목으로 국양을 뵈올 것이요?

13.1-278 將以請降於陣前 2-360 장차 진영 앞에 나와 항복을 청하고/진영 앞에 나와 항복을 청할 것이고

14.1-278 將受其降 2-360 항복을 받으려 하였다.

15.1-278 將生蓬蒿 2-361 이 땅에 장차 쑥대가 나는 것을

16.1-279 將立以爲小后 2-362 장차 소후로 삼으려고 하였다./소후小后로 삼으려고 하였다.

17.1-281 其將焉托? 2-365 장차 누구에게 의탁할 것인가?/누구에게 의탁할 것인가?

18.1-281 引兵追之 將及 2-365 군사를 이끌고 추격하여 거의 따라잡게 되어/군사를 이끌고 추격하여 따라잡게 되어

19.1-283 國相倉助利將廢王 2-368 국상 창조리가 장차 왕을 폐하려고/국상 창조리가 왕을 폐하려고

20.1-286 皝將還 2-373 모용황이 장차 돌아가려 할 때/모용황이 돌아가려 할 때

21.1-291 將擧兵討之 2-379 군사를 일으켜 연나라를 토벌하려 하였으며

22.1-292 將擧兵討之 2-381 군사를 일으켜 토벌하려고 하였으나,

23.1-304 將奉表陳謝而未果 2-394 표表를 올려 사과하려고 하였으나 이루지 못했다.

24.1-307 王懼藩禮頗闕 帝將討之 2-398 왕이 번신藩臣의 예를 갖추지 못하였으므로 황제가 쳐들어올 것을 두려워하였다.

25.1-309 遼東城將陷 2-402 요동성이 함락되려 하자

26.1-310 糧已將盡 2-404 군량이 이미 거의 다 떨어지려 하였다.

27.1-311 仲文將執之 2-404 우중문이 그를 잡으려고 하였으나,

28.1-312 隋軍將出 2-405 수나라 군대가 장차 출동하려 하자,/수나라 군대가 출동하려 하자

29.1-312 指期將攻 2-407 기일을 정해 장차 공격하려고 하였으므로,/기일을 정해 공격하려고 하였으므로,

30.1-313 將將趣平壤 2-408 평양으로 향하려고 하였다.

31.1-317 帝將出兵 2-414 황제가 장차 군사를 출동시키려고/황제가 군사를 출동시키려고

32.1-318 今將討之 2-415 이제 그를 치려고 하는데

33.1-318 帝欲自將討之 2-415 황제가 스스로 군사를 거느리고 고구려를 치기 위해

34.1-322 臨敵將戰 2-422 적과 대하여 싸우려 할 때는

35.1-324 將若之何? 2-424 어떻게 하겠습니까?

36.1-324 帝将從之 2-425 황제가 그 말에 따르려 하는데

37.1-325 糧食将盡 2-426 양식이 다 떨어져 가므로

38.1-326 帝将還 2-428 황제가 돌아가려 할 때

39.1-327 太宗将復行師 2-429 태종이 다시 군대를 보내려 하니

40.1-329 将欲大擧 2-432 장차 크게 군사를 일으키려고 하였다./크게 군사를 일으키려고 하였다.

41.1-329 及其将復伐也 2-432 그가 다시 정벌하려 할 때에

42.1-330 梁公将死之言 諄諄若此 2-433 양공梁公이 죽을 때 한 말이 간곡하기가 이와 같았으나,/양공이 죽어갈 때 한 말이 간곡하기가 이와 같았으나,

43.1-333 将攻扶餘城 2-438 장차 부여성을 공격하려 하니/부여성을 공격하려 하니

44.1-334 高句麗将滅之兆也 2-439 고구려가 망할 징조입니다./고구려가 망하려는 징조입니다.

45.1-334 李勣将還 2-439 이적이 돌아가려 할 때

2 《역주 목민심서》 퇴색어 '将'의 번역

《역주 목민심서》의 퇴색어 '将'이 너무 많으므로 제4책의 것만 발취한다.

46.7-355 均其田産, 将以教也; 4-15 농지를 고르게 배분하는 것도 장차 백성을 가르치기 위함이요,/농지를 고르게 배분하는

것도 백성을 가르치기 위함이요,

47.7-364 聞子皐將爲成宰, 4-43 자고子皐가 성의 원님이 될 것
이라는 말을 듣고는

48.7-367 或遇盜賊·夷蠻劫迫, 其身將至玷汚者, 4-53 혹 도적
이나 오랑캐가 그 몸을 겁탈하려고 닥쳐와 몸이 더럽혀질 지경이
되면

49.7-375 將有黃籤之罰, 4-82 장차 황첨의 벌을 내릴 것이다./
황첨의 벌을 내릴 것이다.

50.7-381 將何以維持聯絡, 4-102 장차 어떻게 사회를 유지하
고 결합하여/어떻게 사회를 유지하고 결합하려

51.7-382 然或其行誼敦厚, 其兆將興者, 4-103 그러나 혹시 그들
중에 행실이 돈후하여 앞으로 일어날 만한 조짐이 있는 자들은

52.7-382 末流將奈何哉? 4-105 말류의 폐단을 장차 어떻게
할 것인가?/말류의 폐단을 어떻게 할 것인가.

53.7-382 民將不服, 4-106 백성이 납득하지 않을 것이니

54.7-385 小民將相聚以爲亂, 4-114 소민들이 무리 지어 난을
일으킨다면/소민들이 무리 지어 난을 일으키려 한다면

55.7-389 其全句聲韻, 將與相反, 4-128 그 전체 구의 성운聲韻
이 또한 상반되니/그 전체 구의 성운이 또한 상반될 것이니

56.7-390 將謂諸生, 謂先生, 敦尚經術, 出題如此乎? 4-132
제생諸生이니 선생先生이니 하며 경술을 숭상한다면서도 이와 같이
출제할 것인가?

57.7-395 比之均役之初, 將爲四倍, 4-149 균역법 실시 초기와 비

교하면 오늘날 백성들로부터 받아내는 것이 곧 4배나 되는 것이니

58.7-395 將責出命, 先責出財, 4-150 장차 군대에 목숨을 바치라고 요구할 것이면서 먼저 재물을 내라고 하니/군대에 목숨을 바치라며 먼저 재물을 내라고 하니

59.7-397 名之將詰, 民受其毒, 4-155 명목을 찾으려고 하면 그 해독은 백성이 입기 때문에

60.7-398 將責其死, 先養以田, 生於田, 4-159 백성에게 죽음을 요구하려 할 때에 먼저 땅을 주어서 먹고 살게 했기 때문에

61.7-398 御營保李同將徙遠邑, 4-161 어영청의 보인 이모가 먼 고을로 이사하려고 하는데

62.7-399 布將誰納? 4-161 군포는 장차 누가 납부한단 말인가?/군포는 누가 납부한단 말인가?

63.7-400 逃老故成冊, 將下傳令, 4-165 도逃·노老·고故를 성책成冊하여 명령을 내리려고 할 때

64.7-401 凡錢貨之出於民而入於邑者, 將至六萬兩以上, 4-167 무릇 돈이 백성에게서 나와서 고을로 들어가는 것이 6만 냥 이상에 달할 것이니,

65.7-403 將何以竅其實哉? 4-174 어떻게 거기 담긴 맹점을 다 들추어낼 수 있을 것인가.

66.7-404 我將善後。 4-175 내가 뒷일은 선처하겠다.

67.7-405 將修尺籍, 先取十式年軍都案, 4-179 장차 척적을 정리하려면 먼저 10년의 군도안을 가지고/척적을 정리하려면 먼저 10년의 군도안을 가지고

68.7-405 將修尺籍, 先起草本, 4-180 장차 척적을 닦으려면 먼저 초본을 작성하되,/척적을 닦으려면 먼저 초본을 작성하되,

69.7-406 頭民三四人, 將往訴巡營, 以圖照律。4-182 두민 3~4명이 순영에 가서 호소하여 법에 따라 처리하도록 하라.

70.7-411 凡有釁咎, 歸之官賂, 官將奈何? 4-194 무릇 틈이 생기면 그것을 수령이 뇌물 먹은 탓으로 돌리니 수령은 장차 어찌할 것인가./무릇 틈이 생기면 그것을 수령이 뇌물 먹은 탓으로 돌리니 수령은 어찌할 것인가?

71.7-411 是之謂眞不聰, 將若之何? 4-196 이는 이른바 참으로 귀가 어둡다는 뜻이다. 장차 이를 어찌할 것인가?/이는 이른바 참으로 귀가 어둡다는 뜻이다. 이를 어찌할 것인가?

72.7-412 舊軍無故時存者, 今將點考。4-196 번상 군안에 올라 있는 자 중에 사고 없이 현재 있는 자는 이제 점호를 받을 것이다.

73.7-412 今惟二十八名, 方將選上, 4-198 지금 나머지 28명을 뽑으려 하는데

74.7-415 將責出命, 4-207 장차 목숨을 바치도록 하자면/목숨을 바치도록 하자면

75.7-416 將出一令, 必先放一炮者, 4-211 장차 어떤 명령을 내리려 할 때 반드시 먼저 포를 한 방 쏘는데/어떤 명령을 내리려 할 때 반드시 먼저 포를 한 방 쏘는데

76.7-416 猶言汝等明聽, 吾將發令也。4-211 내가 명령을 내리려 하니 너희들은 분명히 들어라 하고 말하는 것과 같다.

77.7-423 骨子已脫, 將安用矣? 4-232 진짜는 이미 빠져나

갔으니 장차 어디에 쓸 것인가./진짜는 이미 빠져나갔으니 어디에 쓸 것인가.

78.7-428 訛言之作, 或無根而自起, 或有機而將發, 4-251 유언비어는 아무 근거 없이 생기기도 하고 무슨 기미가 있어서 생기기도 하는 것이니,

79.7-433 三人收縛將斬之 4-268 세 사람을 결박하여 장차 참수하겠다면서/세 사람을 결박하여 참수하겠다면서

80.7-434 詗知賊李夢鶴, 將襲洪州, 4-271 역적 이몽학李夢鶴이 홍주洪州를 기습하려는 것을 탐문하고서

81.7-435 及其將反, 獨不檄겸。 4-272 이괄이 반란을 일으킬 적에 유독 민여겸만 부르지 않았다./이괄이 반란을 일으키려 할 적에 유독 민여겸만 부르지 않았다.

82.7-437 賊氣將吞吾城。 4-282 적의 기세가 장차 우리 성을 삼키려 한다./적의 기세가 우리 성을 삼키려 한다.

83.7-439 賊將至州境, 4-286 반군이 머지않아 고을의 경계에 이르게 되자

84.7-439 軍士聞其將去, 洶懼 4▽287 군사들이 이윤경이 떠난다는 소문을 듣고 동요하고 두려워하여/군사들이 이윤경이 떠나련다는 소문을 듣고 동요하고 두려워하여

85.7-440 我亦不敢留此, 將向海邊躲避矣。 4-289 저 역시 여기에 남아 있을 수 없고 장차 해변으로 도피할 수밖에 없습니다./저 역시 여기에 남아 있을 수 없고 해변으로 도피할 수밖에 없습니다.

86.7-440 虜謂漢兵救至, 大驚, 待旦將退。 4-291 흉노는 구원

군이 도착한 것으로 생각하고 크게 놀라서 새벽이 되기를 기다려 퇴각하**려** 했다.

87.7-441 列陣山谷間, 聲言夜**將**掩擊, 4-294 계곡 사이에 진을 치고 밤에 쳐들어**갈 것**이라고 소문을 냈다.

88.7-441 修城隍, 遠斥堠, 如敵**將**至。 4-296 성곽과 해자를 보수하고 적이 곧 쳐들어**올 것**처럼 척후병을 멀리 내보냈다.

89.7-442 鈴轄宜攝州事, 詠**將**出討, 4-297 영할이 응당 익주의 일을 맡아야겠다고 말하고 출정하**려** 했다.

90.7-442 鈴轄**將**出, 吾今餞之。 4-297 영할이 곧 출정**할 것**이니 내가 지금 전송한다.

91.7-443 自稱大金皇帝, **將**渡江據金舊都。 4-300 대금황제라大金皇帝 자칭하고 **장차** 두만강을 건너가서 금나라의 옛 수도에 웅거하려 하였다./대금황제라 자칭하고 두만강을 건너가서 금나라의 옛 수도에 웅거하**려** 하였다.

92.7-444 步詣曰: "**將**奈何?" 4-304 걸어와서 호소하기를 "**장차** 어찌하면 좋을까?"라고 했다./걸어와서 호소하기를 "어찌하**면** 좋을까?"라고 했다.

93.7-444 賊屯錦山者, 復**將**南下, 4-304 금산錦山에 주둔한 적군이 다시 남하하**려** 하자

94.7-444 晚問賊計**將**安出。 4-305 정만이 정충신에게 이괄이 어떻게 나올 계책인지를 물었다.

95.7-444 元帥以忠信爲先鋒, **將**出兵, 4-306 도원수가 그를 선봉장으로 삼아 **장차** 출병하려는데/도원수가 그를 선봉장으로

삼아 출병하려는데

96.7-445 此是候騎, 意者大陣將至。4-307 저것은 적의 척후 부대이니 대진이 장차 이를 것이다./저것은 적의 척후 부대이니 대진이 이를 것이다.

97.7-446 知祿山將反, 4-312 안진경은 안록산이 반란을 일으킬 줄 알고

98.7-447 城將破, 吾守臣不當去, 4▽314 성이 장차 함락될 텐데, 나는 성을 지키는 신하라 버리고 떠날 수가 없소./성이 함락되려 할 텐데, 나는 성을 지키는 신하라 버리고 떠날 수가 없소.

99.7-447 將殺之, 椿命辭色不變。4-316 최춘명이 곧 죽게 되었으나 얼굴빛은 조금도 변함이 없었다.

100.7-448 將行, 泣辭母夫人 4-317 떠나려 할 때 어머니께 울면서 하직하기를

101.7-450 亂入厨中, 搶奪以食。將闕上供, 4-323 어주 안으로 난입해서 마구 빼앗아갔다. 임금이 식사를 하지 못하게 되자

102.7-453 縣家多事, 訟牒必將自困。4-335 수령으로서는 다른 일도 많은데 소송서류 때문에 피곤해질 것이다.

103.7-454 如將受笞, 伏如蝦蟇之浮水, 4-337 매를 맞을 듯 양다리를 뻗고 엎드려 마치 두꺼비가 물 위에 떠 있는 형상을 하고 있다.

104.7-457 候湊將出時呈, 4-345 그가 출타할 때를 기다려 내어놓았다.

105.7-459 有富民病將死, 子方三歲。4-352 어떤 부호가 병이

들어 장차 죽게 되었는데/어떤 부호가 병이 들어 죽게 되었는데

106.7-461 只有孤兒行乞, 將朝夕塡壑, 4-359 아들이 하나 있었지만 아들 역시 빌어먹고 다니다가 장차 굶주려 죽을 신세가 되자/고아가 된 아들이 빌어먹고 다니다가 굶주려 죽을 신세가 되자

107.7-462 八九年間, 牸生十餘牛, 及將異居, 4-362 8~9년 사이에 암소가 10여 마리의 송아지를 낳았는데 따로 나가 살게 되자 처가에서 소를 주지 않았다.

108.7-465 民有弟質珠步搖於兄者, 將贖, 兄妻愛之, 紿以亡於盜。4-371 아우가 보요주步搖珠를 형에게 맡겨두었다가 돌려받으려고 하자, 그 형수가 보요주를 아깝게 여겨 이미 도둑맞았다고 거짓말을 했다.

109.7-465 逆其詐而不視掌, 將若之何? 4-372 속이는 줄을 미리 알고 손바닥을 들여다보지 않았던들 어찌했을 것인가./속이는 줄을 미리 알고 손바닥을 들여다보지 않았던들 어찌할 것인가.

110.7-465 事至此, 死亦無承, 行將自解矣。4-372 일이 이같이 되었으니 죽더라도 승복하지 말아야 한다. 그러면 스스로 풀려 날 것이다.

111.7-467 司馬溫公丁憂將葬, 密戒地師曰: 4-382 사마온공司馬溫公이 어버이 상사를 당하여 장례를 지내는데 가만히 지사地師에게 주의를 주었다./사마온공이 어버이 상사를 당하여 장례를 지내려 하는데 가만히 지사에게 주의를 주었다.

112.7-467 我有先兆, 將葬, 汝勿異議。4-382 나에게 선산이 있어서 거기에 장사 지내려 하니, 너는 다른 말을 하지 말라.

113.7–467 汝不若肯, 將用他師。4-382 그렇게 하지 않으면 다른 지사를 불러 쓰겠다.

114.7–468 驅而出之, 將盡死道路。4-385 몰아낸다면 길바닥에서 죽을 수밖에 없습니다.

115.7–469 一番就訟, 糜費不些, 經年閱月, 費將若何? 4-388 한번 송사하러 가는 데에 소요되는 경비가 적지 않을 것이다. 해가 가고 달이 가게 되면 그 비용이 얼마나 될 것인가.

116.7–474 方伯怵怯, 將誤斷, 4-402 감사는 윤원형이 무서워 그릇되게 판결하려 했으나

117.7–477 不惟落訟, 抑將懲惡, 笞二十, 甘罪不辭。4-410 비단 송사에 패했을 뿐 아니라 악을 징계하는 뜻에서 태 20대를 칠 것이니 죄를 달게 받아야 할 것이다.

3 총 결

상기 '將' 자가 들어간 문장이 117개이다. 《역주 삼국사기》는 총 44개 문장 중 '장차'를 19번 썼다. 43%이다. 《역주 목민심서》는 총 72개 문장 중 '장차'를 23번 썼다. 32%이다. 이 비례만 보아도 퇴색어 '장' 자의 번역에 '장차'를 넣는가 넣지 않는가에 방황하고 있음을 알 수 있다. 《역주 목민심서》가 《역주 삼국사기》보다 더 이지적으로 번역하였음을 알 수 있다. 구체적으로 설명하면 아래와 같다.

A. '장차'를 쓰지 않아야 하지만 '장차'를 썼었으므로 필자가 삭

제한 것:

15.1-279 將立以爲小後 2-362 장차 소후로 삼으려고 하였다./
소후로 삼으려고 하였다.

82.7-437 賊氣將呑吾城。4-282 적의 기세가 장차 우리 성을
삼키려 한다./적의 기세가 우리 성을 삼키려 한다.

15, 82 두 문장은 '삼으려고', '이사하려고'와 같이 문법적 수단
으로 장래에 일어날 일임을 나타내었다. 그러므로 단어 '장차'를
쓸 필요가 없다. 총 116개 문장 중 이렇게 필요 없는 '장차'를 쓴
것이 모두 40개, 34%이다. 이런 부류의 문장은 '장차'를 삭제해
버려도 앞으로 생길 일임이 뚜렷하다. 장차로 표시된 문장이 대
부분 이런 부류에 속한다. 이 부류가 바로 본문에서 필자가 논하
려는 주제이다.

B. 장차 생길 일이지만 '장차'를 쓰지 않고 문법적 수단으로 표현한, 정확히 번역한 것:

9.1-265 此何異將以單縷繫萬鈞之重而倒曳乎? 2-341 이것은
한 가닥 실로 만 균의 무게를 매어서 거꾸로 끌려고 하는 것과 무
엇이 다르겠습니까?

93.7-444 賊屯錦山者, 復將南下, 4-304 금산에 주둔한 적군이
다시 남하하려 하자

9, 93 두 문장은 '장차' 일어날 일을 '려고', '려'를 써 문법적 수
단으로 표현하였다. 이런 유형의 문장이 117개 중 67개, 57%를

점한다. 이 부류는 필자의 주장대로 정확히 번역한 것이다.

C. '장차'를 쓰지 않았지만 번역문에 장차 생길 일이라는 표시가 없어 필자가 수정한 것:

42.1-330 梁公將死之言 諄諄若此 2-433 양공이 죽을 때 한 말이 간곡하기가 이와 같았으나,/양공이 죽어갈 때 한 말이 간곡하기가 이와 같았으나,

81.7-435 及其將反, 獨不檄김。4-272 이괄이 반란을 일으킬 적에 유독 민여겸만 부르지 않았다./이괄이 반란을 일으키려 할 적에 유독 민여겸만 부르지 않았다.

42의 '죽을 때'를 '죽어갈 때'로, 81의 '반란을 일으킬 적에'를 '반란을 일으키려 할 적에'로 고침으로 하여 장차 생길 일임을 명확히 하였다. 이런 문장이 117개 중 8개, 7%를 점한다.

D. '將' 자를 '장차'를 넣어 번역해도 괜찮은 것:

14.1-278 將生蓬蒿 2-361 이 땅에 장차 쑥대가 나는 것을

이 문장은 '將' 자를 '장차'를 넣어 번역해야 좋은 문장이다. 여기에서 '將'은 퇴색어가 아니다. 위의 예문 중 유일한 예문이다.

E. 진정 들러리가 아닌 '將' 자를 쓸 데는 '將來'를 썼다.

아래의 예문은 모두 《역주 삼국사기》에서 발췌한 것이다.

1-574 將來必爲將帥 2-746 장래 반드시 장수가 될 것이다.

1-595 當作將來之國士也 2-779 앞으로 나라의 재목으로 만들자.

1-624 恐將來不利於國家 2-824 아마 장차 국가에 이롭지 못할 것이옵니다.

1-635 以圖將來之福乎? 2-842 장래의 복을 어찌 도모하지 않으리오?

본문의 시작에 말했다시피 한국어에서는 앞으로 일어날 행위를 '려', '련', '겠', 'ㄹ것', '고자' 등의 문법적 수단으로 표현할 수 있다. 중국어는 이런 문법적 수단이 없다. 그 일부를 '將' 자로 표현하지만 대부분은 다른 시간을 나타내는 어휘로 표현하며 심지어 아무런 표현도 없이 독자들의 짐작에 맡기는 수도 많다.

시간적 개념이 강렬한 한국인이 중국어로 문장을 쓸 때 앞으로 일어날 행위를 어떻게 표현할까 하는 고민에 빠지기 마련이다. 아마 이런 고민의 해결을 위하여 정다산의 《목민심서》에 부사 '將' 자를 그토록 많이 쓰지 않았나 하는 생각이 든다. 《맹자》 전편에 부사 '將' 자를 모두 74번 썼지만 《목민심서》는 제4책에만도 '將' 자를 74번이나 썼다. 이는 필자의 추측에 불과하므로 독자들이 참고로 하기 바란다.

二 퇴색어 '旣'의 오역

'旣'의 부사적 의미는 '이미', '벌써'이다.《중한사전》889페이지의 해석은 이러하다.

旣 기 ① [부] 이미. 벌써.「保持旣有的榮譽; 이미 얻은 영예를 지키다」「旣得權利; 기득권」

그러나 이 '旣' 자도 상기 '將' 자처럼 퇴색어로 쓰는 경우가 많다. 이를 '이미'로 번역하면 실로 좀 과하며 군더더기의 맛이 난다. 한국어 문법상 과거시를 표현하는 형태소 받침 '-ㅆ'으로 표현해도 충분할 때가 많다.

아래에《역주 삼국사기》와《역주 목민심서》에 '旣' 자를 사용한 단문을 열거한다. 편폭 상의 제한으로《역주 삼국사기》는《신라본기》와《고구려 본기》의 것만 열거하고,《역주 목민심서》는 제2책의 것만 열거한다.

1《역주 삼국사기》퇴색어 '旣'의 오역

1.1-98 成湯旣沒 2-95 성탕成湯이 [이미] 죽었으니/성탕이 죽었으니
2.1-100 王旣定六部 2-98 왕이 6부를 정하고 나서
3.1-119 辭以女旣出嫁 2-125 딸이 [이미] 시집갔다고 하여 사절하였다./딸이 시집갔다고 하여 거절하였다.

4. 1-149 既至 2-169 이윽고 [궁성에] 다다르자/[궁성에] 다다르자

5. 1-162 王以既平百濟 2-185 왕은 이미 백제를 평정하였으므로
/왕은 백제를 평정하였으므로

6. 1-163 蘇定方既平百濟 2-188 소정방이 백제를 평정한 다음

7. 1-165 既盟之後 2-189 이미 맹세한 뒤에는/맹세한 뒤에는

8. 1-165 王以既平百濟 2-189 왕은 이미 백제를 평정하였으므로
/왕은 백제를 평정하였으므로

9. 1-168 今兩敵既平 2-194 지금 두 적국은 이미 평정되어/지금
두 적국은 평정되었고

10. 1-173 亦既承恩 2-200 또한 이러한 은혜를 입고서

11. 1-176 既拔甕山 仍於熊津造城 2-205 곧 옹산을 함락시키고
웅진에 성을 쌓아

12. 1-177 既平已後 共相盟會 2-207 평정을 마친 후 함께 모여
맹약을 맺으라

13. 1-177 既平已後 共相盟會 2-207 이미 평정한 이후에 서로
함께 회맹하라고 하였는데/평정한 이후에 서로 함께 회맹하라고
하였는데

14. 1-177 不可以爲既平 又且百濟 奸詐百端 2-207 이미 평정되
었다고 할 수 없고 또 백제는 간사하고 속임수가 한이 없고

15. 1-177 任存未降 不可以爲既平 2-207 임존성이 아직 항복하
지 않았으니 이미 평정되었다고 할 수 없고/임존성이 아직 항복
하지 않았으니 평정되었다고 할 수 없고

16. 1-178 高麗既叛 不可不伐 2-209 고구려가 이미 반란을 일으

키니 정벌하지 않을 수 없다./고구려가 반란을 일으켰으니 정벌하지 않을 수 없다.

17.1-178 新羅既是國家之州 2-210 신라는 이미 중국의 한 주州이니/신라는 중국의 한 주로 되었으니

18.1-179 既非本心 惕然驚懼 2-211 이는 본래의 마음이 아니어서 두렵고 놀라울 뿐입니다.

19.1-186 今既妖徒廓淸 遐邇無虞 2-222 지금은 이미 요망한 무리들이 숙청되고 멀고 가까운 곳에 우려할 것이 없으니/지금은 요망한 무리들이 숙청되었고 멀고 가까운 곳에 우려할 것이 없으니

20.1-193 物既精麗 深表卿心 2-234 물건들이 모두 정결하고 아름다워 경의 마음을 충분히 드러내고 있다./물건들이 모두 정결하고 아름다워졌으니 경의 마음을 충분히 드러냈다.

21.1-221 禮徵等既淸宮禁 備禮迎之卽位 2-275 예정禮徵 등이 궁중 [세력을] 깨끗이 정리하고 예를 갖추어 그를 맞아 왕위에 오르게 하였다.

22.1-221 既寤瘡發背 2-275 잠에서 깨어나 보니 등에 종기가 났다.

23.1-241 既不能强 又不能弱 2-304 이미 강해질 수도 없고 더 약해질 것도 없으니/강해질 수도 없고 더 약해질 것도 없으니

24.1-241 太祖甚喜 既待之以厚禮 2-305 태조가 매우 기뻐하여 두터운 예로써 대우하고/태조가 매우 기뻐하여 두터운 예로써 대우하였고

25.1-255 扶餘人既失其王 氣力摧折 2-326 부여 사람들은 왕을

잃어 기력이 꺾였으나

26.1-255 王旣至國 乃會群臣飮 2-326 왕이 서울에 이르러 여러 신하를 모아 잔치를 베풀며

27.1-257 勃素旣上任 別作大室以處 2-330 추발소는 부임하여 별도로 큰 집을 짓고 거처하였는데

28.1-264 今王旣已老矣 而無讓意 2-339 지금 왕이 [이미] 늙었는데도 양보할 뜻이 없으니/지금 왕이 늙었는데도 양보할 뜻이 없으니

29.1-265 吾旣老矣 2-341 나는 [이미] 늙었다./나는 늙었다.

30.1-266 吾旣老 倦於萬機 2-342 나는 [이미] 늙어 모든 정사政事에 싫증이 났다./나는 늙어서 모든 정사에 싫증이 났다.

31.1-267 爾旣以爲妖 又以爲福 何其誣耶 2-344 그대가 [이미] 요사스럽다고 하였다가 또 복이 된다고 하니 무슨 거짓말이냐?/그대가 요사스럽다고 하였다가 또 복이 된다고 하니 무슨 거짓말이냐?

32.1-269 國人旣聞赦令 無不歡呼慶抃 2-346 나라 사람들이 사면의 명령을 듣고 모두 기뻐 소리지르고 손뼉 치며

33.1-274 臣旣以言之 雖死猶生 2-354 신은 [이미] 다 아뢰었으므로 비록 죽어도 사는 것과 같습니다./신은 다 아뢰었으므로 비록 죽어도 사는 것과 같습니다.

34.1-282 臣旣承乏國相 不敢不言 2-367 저는 지금 국상의 자리를 맡고 있으니 감히 말하지 않을 수 없습니다.

35.1-286 大軍旣去 必復鳩聚 2-373 대군이 돌아가면 반드시 다시 모여들어/대군이 돌아갔으면 반드시 다시 모여들어

36.1-307 惡稔既盈 天道禍淫 2-399 악이 쌓여 가득 차니, 하늘의 도가 음란한 자에게 재앙을 내리고,/악이 쌓여 가득 **찼**으니, 하늘의 도가 음란한 자에게 재앙을 내리고,

37.1-307 既緩前禽之戮 未卽後服之誅 2-399 이전에 사로잡아 죽일 것도 늦추어주고 뒷날 복종하여 목 베임도 당하지 않게 해 주었는데,/이전에 사로잡아 죽일 것도 늦추어주**었**고 뒷날 복종하여 목 베임도 당하지 않게 해 주었는데,

38.1-309 既成 引橋趣東岸 2-401 완성되자 끌어다 동쪽 언덕으로 갔으나

39.1-311 既失文德 內不自安 2-404 우중문과 우문술 등은 을지문덕을 놓치고 속으로 불안하였다.

40.1-311 既恃驟勝 又逼群議 2-405 우문술이 이미 여러 번 승리한 것을 믿고 또 여러 사람의 의논에 강제되어,/우문술이 여러 번 승리한 것을 믿고 또 여러 사람의 의논에 강제되어,

41.1-313 玉帛既通 道路無壅 2-409 옥백玉帛이 통하고 도로가 막힘이 없으니,/옥백玉帛이 통하**였**고 도로가 막힘이 없으니,

42.1-317 既往之事 焉可追論 2-414 기왕의 일을 어찌 추구하여 논의하겠소?

43.1-320 既合戰 行軍總管張君乂退走 2-419 맞붙어 싸우게 되자 행군총관 장군예張君乂가 후퇴하여 도망하였으므로

44.1-322 糧食既盡 求戰不得 2-422 양식이 떨어지면 싸우려 해도 싸울 수 없고,/양식이 떨어**졌**으니 싸우려 해도 싸울 수 없고,

45.1-324 奴既委身大國 2-425 저희가 이미 대국에 몸을 맡기

었으니/저희가 대국에 몸을 맡기었으니

46.1-328 李世勣軍旣度遼 2-430 이세적의 군사가 이미 요수를 건너/이세적의 군사가 요수를 건넜으니

47.1-329 陛下威名功德 旣云足矣 2-432 폐하는 위명과 공덕은 이미 만족하다고 할 수 있으며/폐하는 위명과 공덕은 만족하다고 할 수 있으며

48.1-331 如高句麗旣滅 必發兵以守 2-435 만약 고구려가 멸했다면 반드시 군사를 내어 지켜야 할 터인데,

49.1-333 薛仁貴旣破我軍於金山 2-438 설인귀가 이미 금산에서 우리 군사를 깨뜨리고/설인귀가 금산에서 우리 군사를 깨뜨렸고

50.1-334 勣旣克大行城 2-439 이적이 대행성에서 이기자

2 《역주 목민심서》 퇴색어 '旣'의 오역

51.7-127 旣成故常, 猶有遺徽。 2-24 이미 상례가 되어 여전히 그 여운이 남아 있다./상례가 되었기에 여전히 그 여운이 남아 있다.

52.7-129 旣爲人後, 何不戴其姓? 2-33 이미 남에게 길러진 바에야 어찌 그쪽 성을 따르지 않으랴!/남에게 길러진 바에야 어찌 그쪽 성을 따르지 않으랴!

53.7-129 民旣困窮, 生子不擧, 2-35 백성들이 곤궁하면 자식을 낳아도 잘 거두지 못하니,

54.7-131 但患旣長, 或來識認耳。 2-40 성장한 후에 누가 와서 제 자식인 줄 알아낼까 염려되어 그럽니다.

- 148 -

55.7-135 比及二年具與完室, 既去, 2-55 그가 2년 정도 있으면서 다들 가정을 이루도록 해주었다. 그가 떠나게 됨에

56.7-135 輸二百金, 聽別擇壻。既語之曰: 2-55 돈 2000금을 바치도록 한 후에 다른 사람을 사위로 택하는 것을 허용했다. 얼마 후에 그 사람을 불러 "..."하고

57.7-135 言既定, 上喜曰: 2-57 이윽고 혼약이 정해지자 임금이 기뻐하며...말하였다./혼약이 정해지자 임금이 기뻐하며...말하였다.

58.7-136 既玷其潔, 又敗乃事。2-58 이미 순결을 더럽힌 데다가 일을 그르쳐서/순결을 더럽힌 데다가 일을 그르쳐서

59.7-137 詐僞既繁, 虛實難分, 2-64 거짓과 속임수가 워낙 많아 허虛와 실虛을 가리기가 어려우니/거짓과 속임수가 많아 허와 실을 가리기가 어려우니

60.7-137 報既至, 官出錢數百, 2-65 보고가 들어오면 관에서 수백 전을 내어/보고가 들어오자 관에서 수백 전을 내어

61.7-140 病者既愈, 乃김其親戚, 2-78 환자들이 다 나은 후에 그들의 친척들을 불러서

62.7-143 若既破其家, 又殞其身者, 2-90 만일 이미 그 집이 파괴되었는데 또 그 생명마저 잃은 경우에는/만일 그 집이 파괴되었는데 또 그 생명마저 잃은 경우에는

63.7-144 有老嫗既免, 2-94 한 노파가 구원을 받아 죽음을 면하자

64.7-144 又愈於既災而施恩。2-94 재난을 당한 후에 은혜를 베푸는 것보다 낫다.

65.7-145 其害旣去, 撫綏安集, 2-98 재난을 겪은 다음에는 백성들을 위무하여 다시 편히 모여 살게 하니,

66.7-151 旣宣, 中有僚屬不法, 2-120 선포하는 내용에 요속의 불법이 있거든

67.7-152 請究其罪, 旣諾中改。 2-122 그 죄를 추궁하기를 청하여 허락을 얻었으나 도중에서 그 허락이 고쳐졌다.

68.7-152 束下旣嚴, 吏皆知畏, 2-122 아랫사람을 잘 단속하여 아전들이 모두 두려워하게 되자

69.7-153 旣斷其罪, 又以其所犯, 刻石立門, 2-125 먼저 그 죄를 다스리고 그의 범한 사실을 돌에 새겨 문 앞에 세우며,

70.7-153 旣發其罪, 遂於布政門外, 刻石紀惡, 2-126 죄를 적발하고 나서 곧이어 포정문布政門 밖에 그의 악을 새긴 비석을 세워 놓는 것이다.

71.7-154 旣到數月, 爲吏所誘, 2-126 몇 달만 지나면 아전의 꾐에 빠져

72.7-155 吏旣卒受, 故來言耳。 2-130 아전이 받았기 때문에 와서 말하는 것입니다.

73.7-158 旣交之後, 土紳・細布 2-139 한 번 결탁이 맺어진 뒤에는 명주와 가는 베며,

74.7-159 烹罪旣發, 唯牧當之, 2-143 죽일 죄가 드러나면 오직 수령만 걸려들게 되니,

75.7-161 居官旣久, 或其人才堪任使, 2-146 부임한 지 오래됨에 따라 혹 일을 맡겨도 될 만큼 재주가 있는데도

76.7-163 牧旣深居, 何以聞矣? 2-156 수령은 깊숙이 들어앉아 있으니 어떻게 이런 일들을 들어서 알겠는가?

77.7-165 凡村甿失妻來訴, 旣執請願復合者, 2-163 무릇 시골 백성이 아내를 빼앗겼다고 호소하는 경우, 그 여자가 붙잡혀 왔을 때 남편이 아무리 진정으로 다시 결합하기를 소원해도

78.7-165 官旣攜歸, 2-163 수령이 기생을 데리고 가버린 경우

79.7-167 金承旨翰東旣經全羅監司, 2-172 승지 김한동金翰東은 이미 전라감사를 지냈는데도/승지 김한동은 전라감사를 지냈는데도

80.7-168 上官旣踰月, 2-173 부임한 지 한 달쯤 지난 다음

81.7-168 旣至, 召見於政堂, 2-173 그네들이 오면 정당에서 만나

82.7-170 不知營檄旣到, 2-180 감영의 책망하는 문서가 이미 와 있는 줄도 모르고/감영의 책망하는 문서가 와 있는 줄도 모르고

83.7-171 逋負旣重, 再徵民間, 2-183 포흠이 무거워지게 되면 민간에서 다시 징수한다./포흠이 무거워지게 되었으면 민간에서 다시 징수한다.

84.7-171 其事旣發, 便當如約。 2-183 포흠한 일이 발각되면 곧 약속한 대로 실행할 것이다./포흠한 일이 발각되었다면 곧 약속한 대로 실행할 것이다.

85.7-177 亭長旣至, 廣漢問事畢, 2-209 호도정장이 들어오자 조광한은 사무에 관한 물음을 마치고 나서

86.7-178 居官旣久, 只於四時之季, 各頒一次。 2-212 재임한

지 오래되면 네 계절의 마지막 달에 한 차례씩 내보낸다./재임한
지 오래되었으면 네 계절의 마지막 달에 한 차례씩 내보낸다.

87.7-180 既聞察之, 若非誣陷, 2-217 듣고 조사해보아서 모함
한 것이 아니라면

88.7-182 鄕既息鬪, 斛又稱平。 2-223 향교에는 싸움이 그쳤고
말질 또한 공평해졌다.

89.7-182 既囚數日, 乃遣慧客, 2-223 며칠 가두었다가 수하의
영리한 사람을 보내

90.7-185 疏略既然, 無以責實。 2-236 소략하기 때문에 그 실효
를 기대할 수 없다.

91.7-187 既決治其落訟者, 2-241 판결이 난 다음에 송사에 패한
자를 다스리니

92.7-189 召接既畢, 乃遣暗行御史十二人, 2-245 임금이 지방
수령들을 불러보는 절차를 마친 다음에 암행어사 12명을 팔도에
나누어 보내서

93.7-189 既難逆覩, 將何所恃乎? 2-246 알기 어려우므로 장차
무엇을 믿고 의지할 수 있겠습니까?

94.7-194 其本體既自無法, 2-260 본 형태가 아무렇게나 생겼는데

95.195 既已不陳, 其冤未甚矣。 2-262 논배미가 묵지 않았다면
억울함이 심하지 않은 것이다.

96.7-197 畿田雖瘠, 本既從輕; 2-268 경기도는 토지가 척박하
기는 해도 본래 세가 가볍게 책정되어 있고,

97.7-197 南田雖沃, 本既從重。 2-268 남쪽의 토지는 비옥하기

는 해도 세가 본래 무겁게 책정되어 있다.

98.7-200 既量之後, 善與不善, 未易尋考。2-278 기왕에 양전을 마친 후에 그 결과가 좋고 나쁜 것을 살피기도 쉽지 않습니다.

99.7-201 既量之後, 民情稱便。2-280 양전을 한 후로는 백성이 좋다고 칭송하였다.

100.7-202 既墾還陳者勿稅。2-281 [이미] 개간되었다가 다시 묵게 된 것은 전세를 매기지 말라./개간되었다가 다시 묵게 된 것은 전세를 매기지 말라.

101.7-202 陳結既多, 隱結將毁, 2-282 진결陳結이 많아 은결로 축이 날 우려가 있으니

102.7-202 吏錄既到, 其與村錄相違者, 2▽282 아전의 기록이 다 도착하여 대조해서 마을의 기록과 서로 다른 경우에는

103.7-203 此邊浦落既懸頉, 則彼邊泥生處, 査出加錄。2- 284 이쪽 물가의 땅이 떠내려가서 [이미] 탈頉이라 주기하면 저쪽 편의 흙이 쌓인 곳을 찾아내서 추가로 기록한다./이쪽 물가의 땅이 떠내려가서 탈이라 주기하면 저쪽 편의 흙이 쌓인 곳을 찾아내서 추가로 기록한다.

104.7-205 諸吏既退, 2-289 여러 아전들이 물러나자

105.7-205 田制既然, 稅法隨紊。2-295 전제가 [이미] 그러하니 세법 또한 따라서 문란하다./전제가 그러하였으니 세법도 따라서 문란 하다.

106.7-205 既以肥瘠分之爲六等, 2-295 비옥함과 척박함을 살펴서 6등급으로 나누었다.

107.7-205 既皆遞減, 以至六等, 2-295 이처럼 차례로 체감하여 6등전에 이르게 된다.

108.7-206 然既立此法, 2-295 그러나 이미 이러한 법을 마련하였으면/그러나 이러한 법을 마련하였으면

109.7-206 既於六等之時, 分以土品; 2-296 전분 6등을 할 때 토질을 따져 등급을 나누었는데

110.7-206 法既如此, 理合遵行, 2-296 법이 그렇게 정해졌다면 그대로 따르는 것이 사리에 맞겠는데,

111.7-206 大本既荒, 條理皆亂, 2-298 큰 근본이 이미 흐트러지고 조리가 모두 문란하니/큰 근본이 흐트러졌고 조리가 모두 문란하니

112.7-207 既復於官, 2-299 수령에게 복명함에/수령에게 복명하였음에

113.7-208 爾有隱結, 既養十口, 2-304 너는 조세 대상에서 누락된 은결을 가지고 있어 이미 열 식구를 먹여 살리고 있다./너는 은결을 가지고 있어 열 식구를 먹여 살리고 있다.

114.7-209 既受其告, 又從別歧, 探於本村, 2-305 이 사람의 보고를 받고 나서는 또 다른 길로 그 마을을 조사해본다.

115.7-209 一二既懲, 次及諸吏, 2-306 하나둘을 징치하여 점차 여러 아전에게 미치도록 하고/하나둘을 징치한 후 점차 여러 아전에게 미치도록 하고

116.7-210 報既到, 與災冊考驗, 2-307 그 보고가 들어오면 서원이 작성한 장부와 대조하여

- 154 -

117.7-211 踏驗旣了, 終有後言, 2-310 실사가 끝나고 난 뒤에 말이 나올 것 같으면

118.7-211 薦狀旣到, 官召二人, 面喩至意, 2-310 천거장이 올라오면 수령은 천거된 두 사람을 불러 대면하여 지극한 뜻으로 설명하고/천거장이 올라온 후 수령은 천거된 두 사람을 불러 대면하여 지극한 뜻으로 설명하고

119.7-213 萬目旣睹, 衆口難防。 2-315 만인이 이미 눈으로 본 사실이라면 뭇 사람의 입을 막을 도리가 없는 법이다./만인이 눈으로 본 사실이라면 뭇 사람의 입을 막을 도리가 없는 법이다.

120.7-213 打點之卷旣到, 2-316 점 찍은 두루마리가 들어오면

121.7-213 俵災旣了, 乃令作夫, 2-317 표재가 끝나면 작부하는데

122.7-213 作夫之簿旣頒, 徵米之簿繼頒, 2-317 작부 장부를 반포하고 나면 징미 장부를 이어 반포하니

123.7-214 掌記旣出, 掉脫不得。 2-319 장기掌記가 작성되고 나면 벗어날 수 없게 되는데

124.7-217 旣無朝廷別敕, 姑且因循, 2-328 조정의 특별한 관심이 없어 고식적으로 구습에 젖어 있으나,

125.7-219 大槪狀旣上之日, 2-331 대개장을 올린 날에

126.7-220 作夫旣畢, 乃作計版, 2-335 작부가 끝나고 계판을 작성하는데

127.7-221 國之失田, 旣所憤痛, 2-337 나라가 전결을 잃어버리는 것도 통탄할 일인데/나라가 전결을 잃어버리는 것도 통탄한 일인데

128.7-222 加升米三升, 斛上米三升, 既是科外之物。2-342 가승미 3승, 곡상미 3승도 이미 과외科外의 것인데/가승미 3승, 곡상미 3승도 과외의 것인데

129.7-224 舊令旣還, 新令又繼, 2-347 전임 수령이 이미 돌아가고 나서도 신임 수령이 이를 계승하여/전임 수령이 돌아가고 나서도 신임 수령이 이를 계승하여

130.7-224 盟詛旣堅, 訕讒乃騰, 2-348 저들의 뭉쳐진 저주가 굳어지고 헐뜯는 말이 들끓게 되면/저들의 뭉쳐진 저주가 굳어졌고 헐뜯는 말이 들끓게 되면

131.7-225 大妃旣薨, 則膳價無減。2-349 대비가 승하해도 선가는 감해지지 않는다/대비가 승하했는데도 선가는 감해지지 않는다.

132.7-225 積累旣久, 三百兩爲萬兩, 2-349 오랫동안 쌓이고 쌓여 300냥이 1만 냥으로 불어났으니

133.7-225 計版旣成, 條例成冊, 2-350 계판이 다 작성되면 조목을 나열해서 책자로 만들어/계판이 다 작성됐으면 조목을 나열해서 책자로 만들어

134.7-226 結總旣羨, 田賦稍寬矣。2-353 결총結總(원장부전담)에 여유가 있으면 부세는 약간 너그러워질 것이다.

135.7-227 唯於結總之中, 旣充王稅, 2-354 결총 가운데서 국세에 충당하고

136.7-228 所費旣多, 厥斂必橫, 2-357 비용이 많이 들면 그가 함부로 거두어들일 것이니

137.7-228 色落米·打石米, 旣有定例。2-357 색락미와 타석미

는 이미 정례가 있다./색락미와 타석미는 정례가 있다.

138.7-228 旣竊二斗, 又何求焉? 2-358 이미 두 말을 훔치고도 더 무엇을 구하는가?/두 말을 훔치고도 더 무엇을 구하는가?

139.7-228 厥費旣濫, 貪欲轉深, 2-359 소비가 넘치고 탐욕이 심해지니/소비가 넘쳐났고 탐욕이 심해지니

140.7-229 民旣無力, 不能輸稅, 2-361 백성은 힘이 없는데 부세를 바치지 못하면

141.7-231 所以然者, 打稻之法旣殊。 2-366 그 까닭은 타작하는 법이 다른 데 있다.

142.7-232 歲事旣判, 若值歉荒, 2-368 일 년 농사가 끝이 나서 흉년이 들었으면

143.7-232 旣納不食之稅, 2-369 먹지 않은 지난번의 세미를 바쳤기 때문에

144.7-232 不納旣食之稅。 2-369 앞서 수확한 해의 세미를 바치지 않는 것이라고 한다.

145.7-232 俗旣成矣, 不可猝革。 2-369 관행이 이미 굳어졌으니 갑자기 바꾸기는 어렵다./관행이 굳어졌으니 갑자기 바꾸기는 어렵다.

146.7-232 半國旣用良法, 2-370 나라의 절반은 좋은 법을 써서

3 총 결

'旣' 자를 '이미'로 번역하는 것은 완전히 틀린 것은 아니지만 적절하지 않다. 많이는 군더더기에 속한다.

A. '旣'가 퇴색어임을 나타내는 중용한 예문:

28.1-264 今王旣已老矣　而無讓意　2-339　지금 왕이 이미 늙었는데도 양보할 뜻이 없으니/지금 왕이 늙었는데도 양보할 뜻이 없으니

설명: 만약 '旣'에 '이미'라는 뜻이 있다면 '旣已'라고 표현할 이유가 없다. 여기서 '已' 자는 확실하게 '이미'란 뜻을 나타내고 '旣' 자는 있어도 되고 없어도 되는 들러리이다. '旣'가 퇴색어임을 증명하는 유력한 근거이다.

B. 이미 일어나지 않은 일인데도 '旣' 자를 쓴 예문:

7.1-165 旣盟之後　2-189　이미　맹세한 뒤에는/맹세한 뒤에는

12.1-177 旣平已後, 共相盟會　2-207　평정을 마친 후 함께 모여 맹약을 맺으라

13.1-177 旣平已後, 共相盟會　2-207　이미　평정한 이후에 서로 함께 회맹하라고 하였는데/평정한 이후에 서로 함께 회맹하라고 하였는데

23.1-241 旣不能强, 又不能弱　2-304　이미　강해질 수도 없고 더

약해질 것도 없으니/강해질 수도 없고 더 약해질 것도 없으니

35.1-286 大軍旣去, 必復鳩聚 2-373 대군이 돌아가면 반드시 다시 모여들어

44.1-322 糧食旣盡, 求戰不得 2-422 양식이 떨어지면 싸우려 해도 싸울 수 없고,

48.1-331 如高句麗旣滅, 必發兵以守 2-435 만약 고구려가 멸했다면 반드시 군사를 내어 지켜야 할 터인데

53.7-129 民旣困窮, 生子不擧, 2-35 백성들이 곤궁하면 자식을 낳아도 잘 거두지 못하니

55.7-135 比及二年具與完室, 旣去, 2-55 그가 2년 정도 있으면서 다들 가정을 이루도록 해주었다. 그가 떠나게 됨에

59.7-137 詐僞旣繁, 虛實難分, 2-64 거짓과 속임수가 워낙 많아 허와 실을 가리기가 어려우니/거짓과 속임수가 많아 허와 실을 가리기가 어려우니

60.7-137 報旣至, 官出錢數百, 2-65 보고가 들어오면 관에서 수백 전을 내어

85.7-177 亭長旣至, 2-209 호도정장이 들어오자

93.7-189 旣難逆覩, 將何所恃乎? 2-246 알기 어려우므로 장차 무엇을 믿고 의지할 수 있겠습니까?

113.7-208 爾有陰結, 旣養十口, 2-304 너는 조세 대상에서 누락된 은결을 가지고 있어 이미 열 식구를 먹여 살리고 있다./너는 조세 대상에서 누락된 은결을 가지고 있어 열 식구를 먹여 살리고 있다.

116.7-210 報既到, 與災冊考驗, 2-307 그 보고가 들어오면 서원이 작성한 장부와 대조하여

120.7-213 打點之卷既到, 2-316 점 찍은 두루마리가 들어오면

124.7-217 既無朝廷別敕, 姑且因循, 2-328 조정의 특별한 관심이 없어 고식적으로 구습에 젖어 있으나

134.7-226 結總既羨, 田賦稍寬矣。 2-353 결총에 여유가 있으면 부세는 약간 너그러워질 것이다.

141.7-231 所以然者, 打稻之法既殊。 2-366 그 까닭은 타작하는 법이 다른 데 있다.

상기의 문장은 이미 일어난 사건이 아니지만 '旣' 자를 썼다. 중국어 문법에서 말하는 이른바 '앞으로 있을 기정사실'이라 하는데 어쨌든 '이미' 일어난 사실이 아니다. 역시 '旣' 자가 퇴색어임을 증명하는 예문이다.

C. 사실 '이미'를 꼭 써야 할 데는 모두 '旣' 자가 아닌 '已' 자를 썼다.

이런 예문은 개별적이 아니라 대량이다. 아래에《역주 삼국사기·신라본기·고구려 본기》의 예문을 나열한다.

1.1-126 百濟已陷

2.1-131 始祖創業已來

3.1-147 高句麗・新羅 怨隙已久

4.1-147 已往之事

5.1-152 不得已而就位

6.1-160 皇帝已遣蘇定方 領
　　　水陸三十五道兵 伐高句麗

7.1-167 聞唐諸將已歸 還至漢城

8.1-168 終已成之先志

9.1-168 並已酬賞

10.1-173 今強寇已淸

11.1-175 陸軍已破大賊

12.1-177 南方已定

13.1-177 聞大軍已廻

14.1-177 自征伐已經九年

15.1-177 已到京下

16.1-179 專以新羅已爲叛逆

17.1-179 已見丁公之誅

18.1-186 幷已誅夷

19.1-186 事不獲已

20.1-196 今已到訖

21.1-226 若不得已

22.1-233 近已俾權藩寄

23.1-251 大王長子已卒

24.1-252 疾之已甚

25.1-252 殺之而後已

26.1-264 今王旣已老矣

27.1-264 位已極矣

28.1-286 其腹心已潰

29.1-293 王奉表云女已出嫁

30.1-306 朕已赦之

31.1-307 亡徵已兆

32.1-307 已漏天網

33.1-310 糧已將盡

34.1-313 時天下已亂

35.1-314 已令追括

36.1-317 蓋蘇文已將兵擊新羅

37.1-317 我與新羅 怨隙已久

38.1-318 前宜州刺史鄭天璟已致仕

39.1-321 城中人以爲唐兵已登城

40.1-232 其陣已亂

D. 건축미(대칭미)를 추구하기 위해 '旣' 자를 썼을 가능성이 있는 것도 많다.

15.1-178 高麗旣叛 不可不伐

17.1-179 旣非本心 惕然驚懼

22.1-241 旣不能强 又不能弱

36.1-307 惡稔旣盈 天道禍淫

40.1-311 旣恃驟勝 又逼群議

41.1-313 玉帛旣通 道路無壅

42.1-317 旣往之事 焉可追論

45.1-322 糧食旣盡 求戰不得

54.7-129 民旣困窮, 生子不擧,

60.7-137 詐偽旣繁, 虛實難分,

66.7-145 其害旣去, 撫綏安集,

68.1-152 請究其罪, 旣諾中改。

69.7-152 束下旣嚴, 吏皆知畏,

72.7-154 旣到數月, 為吏所誘,

73.7-155 吏旣卒受, 故來言耳。

75.7-159 烹罪旣發, 唯牧當之,

84.7-171 逋負旣重, 再徵民間,

85.7-171 其事旣發, 便當如約。

97.7-197 畿田雖瘠, 本旣從輕;

98.7-197 南田雖沃, 本旣從重。

102.7-202 陳結旣多, 隱結將毀,

106.7-205 田制旣然, 稅法隨紊。

111.7-206 法旣如此, 理合遵行,

112.7-206 大本旣荒, 條理皆亂,

118.7-211 踏驗旣了, 終有後言,

120.7-213 萬目旣睹, 眾口難防。

122.7-213 俵災旣了, 乃令作夫,

124.7-214 掌記旣出, 掉脫不得。

127.7-220 作夫旣畢, 乃作計版

128.7-221 國之失田, 旣所憤痛,

130.7-224 舊令旣還, 新令又繼,

131.7-224 盟詛旣堅, 訕讒乃騰,

134.7-225 計版旣成, 條例成冊,

139.7-228 旣竊二斗, 又何求焉?

140.7-228 厥費旣濫, 貪欲轉深,

141.7-229 民旣無力, 不能輸稅,

143.7-232 歲事旣判, 若值歉荒,

146.7-232 俗旣成矣, 不可猝革,

위에 열거한 예들은 4:4로 대칭되는데 만약 그중의 '既' 자를 빼면 대칭미, 리듬미가 없어져 볼 멋이 없어진다. 이들이 모두 대칭미를 추구하기 위함이라고 말할 수는 없어도 그중의 상당 부분은 대칭미를 추구하기 위해 '既' 자를 들러리로 넣었을 가능성이 많다.

E. 들러리 '既' 자를 이렇듯 많이 쓴 데는 문법적 원인도 있을 듯하다.

《삼국사기》의 저자 김부식과 《목민심서》의 저자 정약용은 그들 모어 시제의 영향도 작용했을 가능성이 있다. 중국어는 시제가 없다. 과거시過去時를 시제가 아닌 이러저러한 방법으로 표현하거나 아예 현대식으로 표현하고 독자들이 문맥을 보아 과거시로 인식하게끔 한다. 그러므로 과거에 일어난 일을 표현하기 위해 '既'를 구태여 쓸 필요가 없다.

그러나 김부식과 정약용은 분명 과거에 일어난 사건을 서술한다는 관념이 강하게 작용하여 '既' 자를 그토록 많이 사용했을 가능성이 있다. 《맹자》 전편에 부사 용법의 '既' 자를 29번밖에 사용하지 않았는데 《목민심서》의 제2권에만도 既' 자를 109차례나 사용하였다. 이는 저자 모어의 시제와 관련이 없는 것으로는 도저히 해석이 되지 않는다.

三 퇴색어 '勢'의 오역

  '勢' 자는 명사로서 그의 기본 뜻은 크게 권세, 기세, 형세, 대세 등이며 작게는 자세 등이다. 그러나 그 뜻이 퇴색되어 이런 뜻을 뉘앙스로만 나타내는 용법도 있다. 또한 음절 수를 불리기 위해 들러리로 쓰는 경우도 있다. 이런 용법의 '勢'는 대응되는 한국어 단어가 없다. 번역 시 다른 우회적인 단어를 쓰거나 무시하고 포기하며 번역할 수도 있다.

  그러나 한국의 한문 번역에 이런 퇴색어에 '勢(세)' 자를 기어코 '형세'로 번역하는 현상을 종종 볼 수 있다. 틀린 번역은 아니지만 그리 바람직한 번역은 아니다. 별치 않은 현상을 과분하게 표현한 감이다. 또한 군더더기 맛이 난다. 중국 조선족이 한국인과 이야기하다가 한국인의 조그마한 물음에 '연구해보고 답하겠다'고 하여 한국인이 폭소하는 현상을 목격한 적이 많다. 한국인 같으면 '좀 생각해 보고' 또는 '좀 의논해 보고'라고 표현해야 할 일인데 말이다.

  아래에 《역주 삼국사기》,《북역 삼국유사》및 《역주 목민심서》의 이런 번역의 예문을 열거한다.

1《역주 삼국사기》퇴색어 '勢'의 오역

1.1–241 孤危若此 勢不能全 2-304 외롭고 위태로움이 이와 같으니 형세를 보존할 수가 없다./외롭고 위태로움이 이와 같으니 온전히 보존할 수가 없다.

2.1–242 至於力屈勢窮 則必覆其宗族 2-307 힘은 꺾이고 세력이 다 되었다면, 반드시 그 종실宗室은 엎어지고/힘은 꺾이고 형편이 어려워지면 반드시 그 종실은 엎어지고

3.1–256 勢不能守 爲之奈何 2-329 형편이 지킬 수 없게 되어 가니 어찌하면 좋을가?/지킬 수 없게 되어가니 어찌하면 좋을까?

4.1–265 今吾居可樂之勢 而不能肆志 2-340 지금 내가 즐길 수 있는 형편에 있는데 뜻대로 할 수 없다면/지금 내가 즐길 수 있는데 뜻대로 할 수 없다면

5.1–278 今追兵甚迫 勢不可脫 2-359 지금 추격병이 가까이 닥쳐와서 형세가 벗어날 수 없습니다./지금 추격병이 가까이 닥쳐와서 벗어날 수 없습니다.

6.1–341 其天險地利 難得之勢 2-448 지세의 이점은 얻기 어려운 형세입니다./지세의 이점은 얻기 어렵습니다.

7.1–343 勢不自安 必將遷國 2-451 형세가 스스로 편안할 수 없도다. 장차 도읍을 옮겨야 하겠다./스스로 편안할 수 없다. 도읍을 옮겨야겠다.

8.1–344 上下離心 其勢不能久 2-452 윗사람과 아랫사람의 마음이 갈리어 그 형세가 오래 갈 수 없을 것 같다./윗사람과 아랫

사람의 마음이 갈리어 오래 갈 수 없을 것 같다.

9.1-578 彼衆我寡 勢不可遏 2-752 저편은 수가 많고 우리는 적으니 형세를 막아 낼 수가 없다./저편은 수가 많고 우리는 적으니 막아낼 수가 없다.

2《역주 목민심서》퇴색어 '勢'의 오역

10.7-9 主客之勢旣殊, 久暫之權又懸。 1-34 주인과 나그네로 형세가 이미 다른 데다 오래고 오래지 못한 사정이 또한 다르다./ 주인과 나그네로 형편이 다른 데다 오래고 오래지 못한 사정이 또한 다르다.

11.7-24 治民者, 當審勢而處之耳。 1-95 백성을 다스리는 자는 마땅히 형세를 살펴서 대처해야 할 것이다./백성을 다스리는 자는 마땅히 형편을 살펴서 대처해야 할 것이다.

12.7-55 物交勢迫, 浸不自由。 1-193 일이 얽히고 형세가 급하여 점차 어쩔 수 없게 된다./일이 얽히고 급하여 점차 어쩔 수 없게 된다.

13.7-73 厥債旣高, 其勢必貪。 1-257 부채가 많아지면 그 형세상 반드시 탐욕을 부리게 되며,/부채가 많아지면 반드시 탐욕을 부리게 되며

14.7-122 長廣高庫之度, 低仰軒輊之勢, 1-425 배의 길이와 너비, 높이는 몇 도나 되며, 배 앞머리의 구부리고 치솟는 형세는 어떠한가?/배의 길이와 너비, 높이는 몇 도나 되며, 배 앞머리의

구부리고 치솟는 모양은 어떠한가?

15.7-204 成川浦落者, 減之於原結; 新起·還起者, 增之於隱結, 其[勢]必盡呑一國之田, 2-289 개천으로 바뀌었거나 물에 떠내려간 곳은 원전의 결수에서 빼고, 신기전과 환기전이 있으면 은결에 으레 집어넣고 있다. 이 [형세]는 필시 한 나라의 토지를 모조리 삼켜서 전부 다 아전의 목구멍에 들어간 연후에라야 끝이 날 것이다./개천으로 바뀌었거나 물에 떠내려간 곳은 원전의 결수에서 빼고 신기전과 환기전이 있으면 은결에 으레 집어넣고 있다. 이렇게 되면 필시 한 나라의 토지를 모조리 삼켜서 전부 다 아전의 목구멍에 들어간 연후에라야 끝이 날 것이다.

16.7-243 如登高者, 旣攀而不捨, 必其[勢]有進而無退。3-42 마치 산에 오르는 자가 일단 올라간 곳은 포기하지 않는 것과 같게 하니, 그 [기세]에 나아감은 있어도 물러남은 없다./마치 산에 오르는 자가 일단 올라간 곳은 포기하지 않는 것과 같게 하니, 나아감은 있어도 물러남은 없다.

17.7-251 守令用度, 只在耗穀, 而使不得用, 則其[勢]必至於巧作名目, 3-62 수령의 지출이 단지 모곡에만 의존하는데, 사용하지 못하게 하면 그 [형세]가 반드시 교묘하게 명목을 만들어서/수령의 지출이 단지 모곡에만 의존하는데. 사용하지 못하게 하면 반드시 교묘하게 명목을 만들어서

18.7-321 歲耗月損, 固其勢也。3-269 해마다 달마다 수가 줄어드는 것은 당연한 [형세]이다./해마다 달마다 수가 줄어드는 것은 당연하다.

19.7-336 萬口喁喁, 勢迫塡壑。 3-327 만백성 한숨짓고 곤궁한 형세에 빠지게 되었구나./만백성 한숨짓고 곤궁에 빠지게 되었구나.

20.7-353 支救後落本之簿, 或近數千, 或近千兩 此是事勢之自然者。 3-378 지칙 후에는 그 결손이 거의 수천 전이나 1000냥이 되기도 한다. 이는 일이 되어가는 형세의 자연스러운 현상이다./지칙 후에는 그 결손이 거의 수천 전이나 1000냥이 되기도 한다. 이는 일이 되어가는 자연스러운 일이다.

21.7-417 其部署之法, 亦屢變其勢, 或以鴛鴦隊爲雙行, 4- 212 부서部署의 법은 또한 그 형세를 몇 차례 바꾸되 혹은 원앙대鴛鴦隊로 두 줄이 되게 하고,/부서의 법은 또한 그 모양을 몇 차례 바꾸되 혹은 원앙대로 두 줄이 되게 하고,

22.7-475 主客勢殊, 勞逸情異, 4-406 주객의 형세가 다르고 어렵고 편리한 처지가 같지 않아서/주객의 사정이 다르고 어렵고 편리한 처지가 같지 않아서

23.7-475 邑民·村民, 其勢不同, 陸民·島民其勢不同。 4-406 읍민과 촌민 또한 형편이 같지 않고 육지 백성과 섬 백성 또한 형세가 같지 않다./읍민과 촌민이 같지 않고 육지 백성과 섬 백성도 같지 않다.

24.7-487 其勢若彌天大網, 從空下來, 5-44 그 형세가 마치 하늘을 가릴 만큼 큰 그물이 하늘에서 땅으로 내려와 덮는 것 같다./마치 하늘을 가릴 만큼 큰 그물이 하늘에서 땅으로 내려와 덮는 것 같다.

25.7-544 全塞四嚮, 其**勢**不得不潰決而奔放。5-236 꽉 틀어막아 놓았으니 결국 둑이 터지고 물이 마구 휩쓰는 [형세]에 이르지 않을 수 없을 것이다./사방을 모두 막아 놓았으니 둑이 터지고 물이 마구 휩쓰는 판이 될 수밖에 없다.

26.7-545 本以木死, 還以木生, 此其自然之**勢**。5-239 본래 나무 때문에 죽게 되었다가 도리어 나무로 인해 살아나니 [나무를 도벌해서 속전을 내는 것이다] 이는 자연스런 [형세]이다./본래 나무 때문에 죽게 되었다가 도리어 나무로 인해 살아나니 이는 자연스런 일이겠다.

27.7-558 先於上流, 挽回其衝突之**勢**; 5-278 먼저 상류에서 물이 충돌하는 [형세]를 잡아 흐름을 돌려야 한다./먼저 상류에서 물의 충돌을 잡아 흐름을 돌려야 한다.

28.7-594 中間設數十層架, 漸次為高下之**勢**, 5-401 중간에 수십 층의 시렁을 설치하되 점차로 높고 낮은 [형세]로 배치하며/중간에 수십 층의 시렁을 설치하되 점차로 높고 낮게 배치하며

29.7-647 凶年**勢**急, 必有樂之者。6-155 흉년에 [형세]가 급하면 반드시 좋아하며 응할 자가 있을 것이다./흉년에 사정이 급하면 반드시 좋아하며 응할 자가 있을 것이다.

30.7-655 不幸而傷一人焉, **勢**不容已, 遂至變亂。6-180 불행히 한 사람이라도 상하게 되면 [형세]가 용납될 수 없어 드디어 변란을 일으키기에 이른다./불행히 한 사람이라도 상하게 되면 용납될 수 없어 드디어 변란을 일으키기에 이른다.

3 북역《삼국유사》퇴색어 '勢'의 오역

31.97 見一峰如三日月勢可久之地。초승달처럼 생긴 산봉우리가 있음을 바라보고 그 지세가 오래 살 만한 자리인지라/초승달처럼 생긴 산봉우리이니 오래 살 만한 자리인지라

32.220 孤危若此 勢不能全。나라가 이 같이도 고립무원의 위기에 처하였으니 형세로 보아 보존할 형편이 못되고/나라가 이 같이도 고립무원의 위기에 처하였으니 온전히 보존할 수 없고

제六장
표점부호의 오류

문장의 의미를 잘못 이해하였기 때문에 표점부호를 잘못 찍었는가, 아니면 표점부호를 잘못 찍었기 때문에 문장의 의미를 잘못 이해하였는가? 아마 전자가 맞을 것이다. 이렇게 보면 표점부호 찍는 내용을 다른 내용과 동등한 위치에 놓을 수 없고 다른 내용의 하층에 놓아야 맞을 것 같다. 그러나 모 문장을 아무리 보아도 그의 뜻을 터득하기 어려울 때 '혹시 표점부호를 잘못 찍지나 않았나?'로 착안하여 해결하는 수도 있다. 결국 표점부호도 응분의 위치가 있어야 한다는 말이 된다.

표점부호에는 여러 가지 오류가 있을 수 있지만 문장의 의미가 왜곡될 가능성이 있는 오류와 왜곡될 가능성이 없거나 거의 없는 오류 두 가지이다. 중국인이 보기에는 문장의 의미가 왜곡되었다고 인식될 수 있지만 한국인이 보기에는 왜곡되지 않았다고 보이는 예도 간혹 있다.

한국의 한문 정리 작품에는 또 한국어 문법에 따라 표점부호를 찍었기 때문에 생긴 오류가 있다. 이런 오류는 한국 독자에게는 문제될 것 없지만 중국 독자에게는 문제가 되고 심지어 웃음거리가 될 수도 있으며 한국 학자의 이미지에 큰 손상을 줄 수도 있다. 그러므로 이런 부류도 오류로 보고 시정하여야 한다.

一 의미상 오해의 소지가 있는 오류

1《역주 삼국사기》의 오류

《역주 삼국사기》는 표점부호를 찍지 않고 띄어쓰기를 하였다. 그러므로 오류이냐, 오류가 아니냐를 평가하기 불편하다. 단 띄어쓰기를 한 곳을 반점으로 인정하고 3개만 예로 든다.

1.1-162 唐皇帝詔仁軌 檢校帶方州刺史 統前都督王文度之衆與我兵 向百濟營/唐皇帝詔仁軌檢校帶方州刺史, 統前都督王文度之衆, 與我兵向百濟營, **2-186** 당나라 황제가 조칙으로 유인궤劉仁軌에게 검교대방주자사檢校帶方州刺史를 겸직하게 하여 이전의 도독 왕문도王文度 군사와 우리 군사를 통솔하고 백제 군영으로 향하게 하였다./당나라 황제가 유인궤 검교대방주자사에게 조칙을 내려 이전의 도독 왕문도 무리를 통솔하여 우리 군사와 같이 백제 군영으로 향하게 하였다.

설명: 나당 연합군이 백제, 고구려를 진공할 때 신라 군사가 당나라 군사에 편입되어 한 개 통일된 군사가 되어 작전한 것이 아니라 각자 독립적으로 작전하며 서로 협력적인 관계였다. 필자가 《삼국사기》의 전 편을 꼼꼼히 본데 의하면 이러하다. 그러면 '衆'

과 '與' 사이에 반점을 찍어야 한다. 만약 신라 군사가 당나라 군
사에 편입되어 한 개 군사를 묶었다면 '衆'과 '與' 사이에 반점을
찍을 필요가 없다. 사실 어떤 상황인가는 역사학자들이 판단할 문
제이다.

2.1-562 王命太子與將軍庾信·眞珠·天存等 以大船一百艘
載兵士會之/王命太子, 與將軍庾信·眞珠·天存等, 以大船一
百艘, 載兵士會之。 2-726 왕은 태자와 장군 유신, 진주眞珠, 천존
天存 등에게 명하여 큰 배 100척으로 군사를 싣고 만나게 하였다./
왕은 태자에게 명하여 장군 유신, 진주, 천존 등과 같이 큰 배 100
척으로 군사를 싣고 만나게 하였다.

설명: 왕이 태자에게 명하고 태자가 다시 장군 유신, 진주, 천존
등과 같이 … 인가 아니면 왕이 태자, 유신, 진주, 천존 여럿을 모
아놓고 명하여 … 인가? 필자는 전자일 것이라고 본다. 그러면 '太
子'와 '與將' 사이에 반점을 찍어야 맞다. 역시 역사학자가 판단
할 문제이다.

3.1-614 大臣角干敬信·伊湌周元等聞之 國王以熊川州向德
故事 賞近 縣租三百石/大臣角干敬信·伊湌周元等聞之國王,
以熊川州向德故事, 賞近縣租三百石。 2-807 대신 각간 경신과
이찬 주원 등이 국왕에게 아뢰니 웅천주의 향덕의 옛일에 따라 이
웃 현에서 나오는 조 300섬을 상으로 주었다.

설명: 만약 한글 번역문대로라면 표점부호를 '大臣角干敬信·伊
湌周元等聞之國王, 以熊川州向德故事, 賞近縣租三百石'로 찍
어야 한다. 한문 원문대로라면 '대신 각간 경신과 이찬 주원 등이
이 소식을 들었다. 국왕은 웅천주의 향덕의 옛일에 따라 이웃 현

에서 나오는 조 300섬을 상으로 주었다'로 번역하여야 한다.

4.1-625 子之生也 見棄於國 予不忍竊養 以至今日/子之生也, 見棄於國, 予不忍, 竊養, 以至今日。2-825 자네가 태어나 나라에서 버림을 받았는데 내가 차마 하지 못하여 몰래 길러 오늘에 이르렀다.

설명: '予不忍竊養 以至今日'은 '내가 차마 몰래 기를 수 없이 오늘날까지 이르렀다.'가 된다. 즉 '내'가 기르지 않은 것으로 된다. 의미가 완전히 전도되었다. '予不忍 竊養 以至今日'이라고 해야 나는 차마 하여 몰래 길러 오늘날까지 이르렀다'가 된다.

2 《역주 목민심서》의 오류

5.7-70 每見族戚乘時干囑, 積失人心,/每見族戚乘時干囑, 積, 失人心, 1-245 늘 보면 친척들이 때를 틈타 청탁을 하여 인심을 잃는 일이 거듭 쌓이면,/늘 보면 친척들이 때를 틈타 청탁을 한다. 이런 일이 쌓이면 인심을 잃는다.

6.7-81 鄭萬和累按藩臬, 所至儲畜盈溢, 於始至其羨餘, 至不可勝數,/鄭萬和累按藩臬, 所至儲畜盈溢於始至, 其羨餘至不可勝數, 1-279 정만화鄭萬和는 여러 차례 감사를 역임했는데 가는 곳마다 비축儲畜이 가득 차서 넘칠 지경이 되었다. 처음에는 약간 남았으나 나중에는 헤아릴 수 없을 만큼 남게 됨에/정만화는 여러 차례 감사를 역임했는데 가는 곳마다 비축이 처음 왔을 때보다 넘쳐났으며 남음이 헤아릴 수 없이 많아졌다.

7.7-112 李相國元翼爲安州牧使, 州稅例納於邊邑, 吏胥倍徵,

剩數沿為重瘼。/李相國元翼為安州牧使, 州稅例納於邊邑 吏胥倍徵剩數, 沿為重瘼。1-392 상주 이원익이 안주목사로 있을 때 그 고을의 부세는 변방 고을로 납부하는 것이 관례였다. 아전들이 배나 더 징수하여 나머지를 대대로 착복하는 것이 대대로 이어져서 백성들의 무거운 고통으로 되고 있었다./상주 이원익이 안주목사로 있을 때 그 고을의 부세는 변방 고을로 납부하는 것이 관례였다. 아전들이 나머지를 배나 징수하여 무거운 고통으로 이어졌다.

8.7-198 唯陳田之遂陳者, 明其稅額過重, 不可不降等也。/唯陳田之遂陳者, 明其稅額, 過重, 不可不降等也。2-271 오직 진전 중에서 묵어버린 것은 그 세액이 과중한가를 밝혀 등급을 낮추어주어야 할 것이다./오직 진전 중에서 묵어버린 것은 그 세액을 밝혀, 과중하면 부득불 강등하여 주어야 할 것이다.

9.7-240 然大奸巨猾, 直以完苫, 商販立本, 不必分石, 卻以分石者, 哂之為小盜也。/然大奸巨猾直以完苫商販, 立本不必分石, 卻以分石者哂之為小盜也。3-34 그러나 큰 도둑놈들은 바로 온전한 알곡을 섬째로 팔아서 입본을 하지 꼭 분석을 하지는 않으며, 도리어 분석하는 자들을 좀도둑이라고 비웃는다./그러나 큰 도둑놈들은 바로 온전한 섬째로 팔며 입본을 위해 분석하지 않는다. 도리어 분석하는 자들을 좀도둑이라고 비웃는다.

10.7-246 今無文, 可知姑闕之。/今無文可知, 姑闕之。3-49 이제 표기하지 않더라도 잠시 빈 것임을 알 수 있다./지금 숫자가 없어 알지 못하니 잠시 비운다.

11.7-280 然在鄉村, 遇有盜賊之警, 不可以無統, 合立保長督令, 庶眾志齊一為 此仰抄案回司, 卽行, 各道守巡兵備等官, 備

行所屬各府州縣,/然在鄉村遇有盜賊之警, 不可以無統合, 立保
長督令, 庶眾志齊一 為此仰抄案回司卽行, 各道守巡兵備等官,
備行所屬各府州縣, 3-142 그러나 향촌에서 도적이 침입하는 변
이 일어나면 지휘계통이 없어서는 안 될 것이니, 보장保長을 세워
서 감독 명령하게 하면 대체로 뭇 사람의 뜻이 한결같이 될 것이
다. 이렇게 하기를 바란다. 각 패의 초안抄案이 관가에 들어오면
곧 실시하되 각 도의 행정·감독·군사를 맡은 관원이 그 소속 각
주·부·현으로 고루 다니면서/그러나 향촌에서 도적이 침입하는
변이 일어나면 통합이 없어서는 안 될 것이니, 보장을 세워서 감독
명령하면 뭇 사람의 뜻이 한결같이 되기 바란다. 이렇게 하기 위해
안건을 베껴가서 곧 행동하기 바라며 각 도의 수호, 순라 등 군사
를 맡은 관리는 그 소속 각 주, 부, 현으로 고루 다니면서

12.7-365 雖父母病, 皆去望舍, 投餌哺之,/雖父母病, 皆去,
望舍投餌哺之, 4-48 부모가 병이 들어도 다들 집을 떠나가서
바라보며 밖에서 음식을 던져주고/부모가 병이 들어도 다들 집을
떠나고 밖에서 집 안을 바라보며 음식을 던져주어 먹인다.

13.537 循慮囚無一言,/循慮囚, 無一言, 5-209 공순은 죄수들이
한 마디 말도 없는 것이/공순이 죄수들을 점검하니 한 마디 말도
없다.

14.585 因年有秋, 因府無事, 軍逸農隙, 人思賈餘。/因年有秋,
因府無事, 軍逸, 農隙人思賈餘。5-373 때마침 농사가 풍년이
들고 관부에는 별일이 없어 군사들은 농한기를 안일하게 보내고
사람들은 과외 소득을 생각하였다./농사가 풍년이 들고 관부에는
별일이 없으며 군사들도 안일하여 농한기 사람들은 여유의 곡식

을 팔려 한다.

15.608 出榜曉示, 米牙人不得減剋, 分文客人, 自行出糶,/出榜曉示, 米牙人不得減剋分文, 客人自行出糶, 6-46 방을 내걸어 타일러서 쌀 중개상들이 값을 깎지 못하도록 알리고 객인客人(밖에서 들어온 상인)에게 문권을 나누어주어 스스로 다니면서 곡식을 판매하도록 했는데,/방을 내걸어 쌀 중간상들이 값을 한 푼도 깎지 못하도록 알리고 객인客人(밖에서 들어온 상인)이 스스로 다니면서 곡식을 판매하도록 하라.

16.632 交訖, 用紅印於曆內, 本日合糶米, 數下之右。/交訖, 用紅印於曆內——本日合糶米數下之右。 6-119 돈 내는 것이 끝나면 역두 안에 붉은 도장을 찍고 당일 구매할 쌀의 양대로 지급 한다./돈을 낸 후 역두 안—당일 구매할 쌀 수량의 오른쪽에 붉은 도장을 찍는다.

17.653 見有以麵食者, 取啖螫口, 澀腹嘔逆, 移日,/見有以麵食者, 取啖螫口, 澀, 腹嘔逆移日, 6-173 국수를 만들어 먹은 사람들 중에 가래가 끓고 입이 부르트며 배가 뒤틀리고 구토를 하는 자가 있는 것을 보고 그는 며칠이 지나/국수를 만들어 먹은 자는 씹을 때 입을 찌르는 듯하고 떫으며 배가 며칠간 구토하였다.

二 의미상 오해의 소지가 없는 오류

1《역주 삼국사기》의 오류

1.1-308 比戈按甲誓旅而後行/比戈按甲, 誓旅而後行 2-400 방패를 가지런히 하고 갑옷을 살피고, 군사들에게 경계하여 일러둔 후에 출행하며/병기를 갖추고 군사를 주둔시키고 선서한 후에 행동하며

2.1-590 未斯欣抱堤上項 泣辭而歸/未斯欣抱堤上項泣 辭而歸 2-772 미사흔이 제상의 목을 껴안고 울며 하직하고 귀국하였다.

2《역주 목민심서》의 오류

3.7-29 民之來訴者, 如入父母之家, 親熟傾倒, 洞徹無礙而後, 斯可謂民之父母。/民之來訴者, 如入父母之家, 親熟傾倒, 洞徹無礙, 而後斯可謂民之父母。 1-112 호소하러 오는 백성이 부모의 집에 들어가는 것처럼 친숙하고, 아랫사람들의 사정에 통달하여 막힘이 없어야 백성의 부모라 할 수 있다.

4.7-97 彼是武人故, 待之不及於《國典》, /彼是武人, 故待之不及於《國典》, 1-339 우후는 무인인 까닭에 대우가 원래의 규정에 미치지 못하고

5.7-112 兒寬爲左內史輸租稅時, 裁闊狹與民相假貸, 故租多不

入。/兒寬爲左內史, 輸租稅時裁闊狹, 與民相假貸, 故租多不入。1-389 예관兒寬이 좌내사左內史가 되어 조세를 납부할 때 융통성을 두어서 형편껏 하도록 한 탓에 조세 미납이 많았다.

6.7-112 邊邑險遠, 見公自來, 大驚爭設酒伎迎勞,/邊邑險遠, 見公自來, 大驚, 爭設酒伎迎勞, 1-392 변경 고을로 가는 길이 험하고 멀었는데 이공이 몸소 거느리고 가자 그 고을에서 보고 크게 놀라 다투어 술과 기생을 마련하여 대접하려 하였다.

7.7-140 晉劉弘爲荆州, 嘗夜起聞, 城上持更者歎甚苦。/晉劉弘爲荆州, 嘗夜起, 聞城上持更者歎甚苦。2-76 진나라 유홍劉弘이 형주荊州를 다스릴 때의 일이다. 밤중에 일어나서 들으니 성 위에서 파수를 보는 자가 몹시 괴로워하는 소리가 들렸다.

8.7-210 大旱之年, 未移秧踏驗, 亦收苗錢 若此類, 不必禁也。/大旱之年未移秧, 踏驗, 亦收苗錢 若此類不必禁也。2- 308 큰 흉년에 미처 이양하지 못한 것도 실사할 때에는 역시 줄전을 거두는데 이와 같은 따위는 반드시 금할 것은 아니다.

9.7-306 朱亮祖嘗率舟師赴北平, 水涸役夫五千濬河。/朱亮祖嘗率舟師赴北平, 水涸, 役夫五千濬河。3-221 주량조朱亮祖가 수군水軍을 거느리고 북평北平으로 가는데 물이 말라버리니 일꾼 5000명으로 강을 준설하기로 하였다.

10.7-311 利其器用, 以輔其不逮而後, 民乃循軌, 作事有法。/利其器用, 以輔其不逮, 而後民乃循軌, 作事有法。3-239 농기구의 사용을 편리하게 함으로써 그들이 미치지 못한 점을 도와준 후에야 백성들이 농사를 짓는 것이 농법에 맞게 된다.

11.7-373 爰及聖朝劉氏, 則屯田秘丞, 父子相繼。/爰及聖朝,

劉氏則屯田秘丞, 父子相繼。4-75 송나라에 와서는 유씨 가문 아버지의 둔전원외랑과 비서승의 직을 아들이 이어 하였다.

12.7-398 如魚在沙, 如蚓在灰而後, 快於心哉?/如魚在沙, 如蚓在灰, 而後快於心哉? 4-160 마치 물고기가 모래밭에 누워 있고 지렁이가 재 위에 있는 것같이 된 후에라야 마음이 시원하겠는가?

13.7-405 樂工保・官匠保・選武軍官等, 歲納錢二兩零, 雜費亦少者為歇役。/樂工保・官匠保・選武軍官等,　歲納錢二兩, 零雜費亦少者為歇役。4-178 악공보, 관장보, 선무군관 등 1년에 돈 2냥을 바치고 잡징 또한 적게 부담하는 자는 가벼운 역이 된다.

14.7-465 公曰: "此易易" 爾夜伏吏案下。/公曰: "此易易爾" 夜伏吏案下。4-372 그가 아전에게 "이는 쉬운 일이다." 하고는, 그 아전을 밤에 책상 밑에 들어가 엎드려 있게 했다.

15.7-489 覆檢官還發, 其干連以下諸人,　隨卽放送,　使各歸農。/覆檢官還,　發其干連以下諸人,　隨卽放送,　使各歸農。5-49 복검관이 돌아가면, 관련자 이하 여러 사람들은 다 석방해서 각기 농사 일로 돌아가게 한다.

16.7-641 若外倉開場閽牌, 不過二十枚, 斯足矣, 帶率人員宜頓減。/若外倉開場, 閽牌不過二十枚, 斯足矣, 帶率人員宜頓減。6-143 만약 외창에 진장을 개설하면 혼패는 20개를 넘지 않아도 족할 것이니, 거느리고 갈 인원을 의당 감해야 할 것이다.

17.7-647 余至洪州, 見夕陽在馬房所養流乞, 出而負暄。/餘至洪州, 見夕陽, 在馬房所養流乞出而負暄。6-158 내가 마침 홍주에 간 적이 있다. 해가 기우는데 마방에 있던 걸식자들이 나와서 햇볕을 쬐고 있었다.

3 《虛白堂集》의 오류

1.21△3 脩然若遺外聲利而不知厭。/脩然若遺, 外聲利而不知厭。

2.27△4 山高水駛故, 人性皆堅忍質直,/山高水駛, 故人性皆堅忍質直,

3.27△2 地濱海徼故, 人性怠惰委塾,/地濱海徼, 故人性怠惰委塾,

4.29▽2 財穀優贍故, 前此按節者多留焉。/財穀優贍, 故前此按節者多留焉。

5.29▽8 龍腰有亭故, 龍怒而風之,/龍腰有亭, 故龍怒而風之,

6.29△2 無所洩盡故, 調調刁刁,/無所洩盡, 故調調刁刁,

7.56△1 然則松也竹也皆君友于, 而同結歲寒之盟宜矣。/然則松也竹也皆君友, 而同結歲寒之盟宜矣。

설명: '于'자는 연문(衍文).

8.72▽2 役不重斂不煩,/役不重, 斂不煩,

설명: '役不重斂, 不煩'으로 읽어도 뜻이 통한다: '용역이 과중하고 가렴苛斂 적이지 않으면 번거롭지 않다.' 뒤의 '無虛美無侈飾'는 이런 기의歧義가 없다.

9.72▽2 無虛美無侈飾。/無虛美, 無侈飾。

10.104△8 縉紳之士攀附而席餘光者無限。/縉紳之士攀附而席, 餘光者無限。

11.139▽3 《春秋傳》曰: "秦後子有寵於桓公, 如二君於景。 其母曰: '弗去, 懼選。' 鍼遂適晉。《書》曰: '秦伯之弟鍼出奔晉。' 罪秦伯也。"/"秦後子有寵於桓(公), 如二君於景。其母曰: '弗去, 懼選。'

설명: 《춘추좌전春秋左傳·소공昭公 5년》 원문: "秦后子有寵於桓,

如二君於景, 其母曰: ‘弗去懼選。’ 癸卯, 鍼適晉, 其車千乘。
《書》曰: ‘秦伯之弟鍼出奔晉。’ 罪秦伯也”2) 저자가 《춘추좌전・
소공 5년》을 인용할 때 ‘癸卯’와 ‘其車千乘’을 생략했으며 ‘公’
자와 ‘遂’ 자를 덧붙였다. 본 도서의 표지에 ‘韓國古典飜譯院
<韓國文集校勘標點叢書>’라고 한 이상 상기의 정보를 교감기로
독자에게 알릴 필요가 있다.

12.145▽6 順之而不逆故, 能成泰和雍熙之治。/順之而不逆, 故
能 成泰和雍熙之治。

13.176▽5 瞻彼旱麓, 榛枯濟濟。/瞻彼旱麓, 榛(枯)[楛]濟濟。

14.193△4 寶玩而畜之今將一紀矣。/寶玩而畜之, 今將一紀矣。

15.222△6 文身, 陋行也而泰伯安之;/文身, 陋行也, 而泰伯安之;

16.222△5 獵較, 賤事也而孔子行之。/獵較, 賤事也, 而孔子行之。

17.222△2 則是人人制禮, 紛紛何所定乎?/則是人人制禮紛紛,
何所定乎?

18.225△8 孔子曰: “博學而詳說之, 將以反說約也”/(孔子)[《孟
子》]曰: “博學而詳說之, 將以反說約也”

설명: 이 문구의 출처는 《孟子》다.

4 《承政院日記》의 오류

1.39△3 徐景雨以張晩看病內醫鄭柟壽書啓,/徐景雨以張晩看病,
內醫鄭柟壽書啓,

2.45▽6 去冬減省之物, 今春還設有同兒戲,/去冬減省之物, 今

---

2) 중화서국中華書局 1980년 10월 판본 《십삼경주소十三經注疏》 참조.

春還設, 有同兒戲,

3.45▽8 姑待復設後, 議處何如?/姑待復設, 後議處何如?

4.56△1 今後令廟堂勿論文武極擇諸將可合之人,/今後令廟堂勿論文武, 極擇諸將可合之人,

5.57▽8 優等者則以京職召還, 之次則除授邊上首令及邊將,/優等者則以京職召還之, 次則除授邊上首令及邊將,

6.60▽8 來月爲始醫官預爲直宿爲當。/來月爲始, 醫官預爲直宿爲當。

7.60▽8 正月爲始醫官預爲直宿可也。/正月爲始, 醫官預爲直宿可也。

8.63▽8 使之與長湍府使備細磨鍊一年應用刷馬矣。/使之與長湍府使備細磨鍊一年, 應用刷馬矣。

9.65△11 日寒故不得始役矣。/日寒, 故不得始役矣。

10.69△6 此宜一番變通, 而然不可容易爲之者也。/此宜一番變通而然, 不可容易爲之者也。

11.77▽4 嚴寒癘疫交急之時, 累日囚係尤似未妥。/嚴寒癘疫交急之時, 累日囚係, 尤似未妥。

12.83▽11 伏以臣久患眼病極重, 且緣家內瘟氣,/伏以臣久患眼病, 極重, 且緣家內瘟氣,

13.83△10 伏蒙天恩許令遞改。/伏蒙天恩, 許令遞改。

14.93△5 得其人則治不得其人則亂。/得其人則治, 不得其人則亂。

15.99▽2 惟其不和故無親上之心,/惟其不和, 故無親上之心,

16.99▽3 不信故無必死之志,/不信, 故無必死之志,

17.100▽11 上自朝廷下至黎庶,/上自朝廷, 下至黎庶,

18.104▽10 上番姑降下番入直, 何如?/上番姑降, 下番入直, 何如?

19.111△9 杖一百徵贖後, 造牌以給事,/杖一百, 徵贖, 後造牌以給事,

20.112▽8 前頭連有擧動, 闕員今日政盡爲差出,/前頭連有擧動, 闕員, 今日政盡爲差出,

21.112△10 新除授金堤郡守趙璞以親年七十勿敍三百里外, 據法呈狀。依法改差, 何如?/新除授金堤郡守趙璞, 以親年七十勿敍 三百里外, 據法呈狀 依法改差, 何如?

설명: 이 말의 뜻은 이러하다: 새로 제수된 금제 군수 조박은 부친(모친)의 연세가 70세이므로 관직에 계속 있을 생각이 없습니다. 300리 밖에서 법에 따라 거절 소장을 바칩니다. 법에 따라 자리를 옮기는 것이 어떠하십니까?

22.121▽9 時急之事, 亦經旬望而後, 或停當, 或遷就於外方,/時急之事亦經旬望, 而後或停當, 或遷就於外方,

23.122△7 但時事艱(吳)[虞], 可用之才益難, 論思任重, 爲親之情難副。

설명: '吳' 자는 '虞' 자의 오류인 듯. '艱吳(간오)'라는 말은 없고, 艱虞(간우): 어려운 우환.

24.127△4 脈度虛實, 必须詳知而後, 可以議藥,/脈度虛實必须詳知, 而後可以議藥,

25.171▽7 今日爲始藥廳排設, 諸醫官咸在闕中,/今日爲始, 藥廳排設, 諸醫官咸在闕中,

26.192△1 金星初出天際濁氣中時, 色赤。/金星初出天際濁氣, 中時色赤。

27.196△3 令該曹量入輸送, 書寫則六曹書寫及能書書吏, 限繕寫間定送事, 捧承傳施行, 何如?/令該曹量入輸送書寫, 則六曹書寫及能書書吏限繕寫, 間定送事, 捧承傳施行, 何如?

28.227△5 宗統, 私親, 制禮截然而後, 乃可謂盡孝於本生也。/宗統, 私親制禮截然, 而後乃可謂盡孝於本生也。

29.240▽3 唯有兩款事爲失禮之尤者, 而蹉過今日, 則無復有血誠相爭之地, 臣等之請, 吁亦戚矣。/唯有兩款事爲失禮之尤者, 而蹉過今日, 則無復有血誠相爭之地, 臣等之請吁亦戚矣。

설명: '吁'는 '籲'의 속자이다. '부르짖다, 호소하다'의 뜻이다. '請吁(籲)'는 '청구하며 호소하다'의 뜻이지만 이 두 글자를 갈라 놓으면 뜻이 안 통한다.

30.256▽7 臣等名忝儒列, 身在國學, 優游聖化, 事討論講究之不足者,/臣等名忝儒列, 身在國學, 優游聖化事, 討論講究之不足者,

31.264△7 而以再昨禮曹判書金尚容呈辭還出給之故, 不敢入啓, 姑留院中。/而以再昨禮曹判書金尚容呈辭還出給之, 故不敢入啓, 姑留院中。

32.274▽5 此可見人心之所同然而有大是非存焉者也。/此可見人心之所同, 然而有大是非存焉者也。

33.283△9 實非大段謬戾之語。而然語不婉曲之失則或有之,/實非大段謬戾之語而然, 語不婉曲之失則或有之,

34.303▽1 臣等固知聖意有未釋然, 而宗統之重, 主喪之難, 殿下旣已明知, 而布告外庭, 則大義已正矣。/臣等固知聖意有未釋, 然而宗統之重, 主喪之難, 殿下旣已明知, 而布告外庭, 則大

義已正矣。

35.305▽3 慰安祭, 不卜日二十七日設行,/慰安祭不卜日, 二十
七日設行,

36.317△6 誠惶誠恐頓首謹百拜上言於主上殿下。/誠惶誠恐,
頓首謹百拜上, 言於主上殿下。

37.320△6 則臣得以安心送殘喘於田野之間,/則臣得以安心送殘,
喘於田野之間,

38.325▽6 臣等請遞之擧, 不容但已, 而聖批不從。/臣等請遞之
擧不容, 但已而聖批不從。

5 총 결

표점부호를 잘못 찍었지만 한국인이 보기에는 의미가 와전될 가
능성이 없어도 고쳐 찍어야 한다. 본 책의 앞에 서술하다시피 한국
의 고서는 한국만의 자산이 아니라 17억 한자문화권의 자산이기 때
문이다. 한국인이 보기에는 별로이지만 중국인 등이 보기에는 불편
하며 한국 한문학자의 이미지와도 관계되기 때문이다.

표점부호를 찍는 오류를 범하지 않기 위한 쉬운 기교는 없을까?
생각 끝에 예문을 몇 가지 나열해 본다. 독자들이 스스로 유형이 비
슷한 것을 한데 모으며 참고하기 바란다.

1.1-590 未斯欣抱堤上項 泣辭而歸/未斯欣抱堤上項泣 辭而歸
2.1-614 大臣角干敬信·伊湌周元等聞之 國王以熊川州向德故
事賞近縣租三百石。/大臣角干敬信·伊湌周元等聞之國王 熊川

州向德故事　賞近縣租三百石

3.7-29 洞徹無礙而後, 斯可謂民之父母。/洞徹無礙, 而後斯可謂民之父母。

4.7-97 彼是武人故, 待之不及於《國典》,/彼是武人, 故待之不及於《國典》,

5.7-112 兒寬為左內史輸租稅時, 裁闊狹與民相假貸故, 租多不入。/兒寬為左內史, 輸租稅時裁闊狹, 與民相假貸, 故租多不入。

6.7-140 晉劉弘爲荆州, 嘗夜起聞, 城上持更者歎甚苦。/2- 78 晉劉弘爲荆州, 嘗夜起, 聞城上持更者歎甚苦。

7.7-311 利其器用, 以輔其不逮而後, 民乃循軌, 作事有法。/利其器用, 以輔其不逮, 而後民乃循軌, 作事有法。

8.7-489 覆檢官還發, 其干連以下諸人, 隨卽放送, 使各歸農。/覆檢官還, 發其干連以下諸人, 隨卽放送, 使各歸農。

9.7-641 若外倉開場闔牌, 不過二十枚, 斯足矣,/若外倉開場, 闔牌不過二十枚, 斯足矣,

10.27△4 山高水駛故, 人性皆堅忍質直,/山高水駛, 故人性皆堅忍 質直,《허백당집》

11.27△2 地濱海徼故, 人性怠惰委塾,/地濱海徼, 故人性怠惰委塾,《허백당집》

12.29▽2 財穀優贍故, 前此按節者多留焉。/財穀優贍, 故前此按節者多留焉。《허백당집》

13.29▽8 龍腰有亭故, 龍怒而風之,/龍腰有亭, 故龍怒而風之,《허백당집》

14.29△2 無所洩盡故, 調調ㄱㅋ,/無所洩盡, 故調調ㄱㅋ,《허백당집》

15.45▽8 姑待復設後, 議處何如?/姑待復設, 後議處何如? 《승정원일기》

16.65△11 日寒故不得始役矣。/日寒, 故不得始役矣。《승정원일기》

17.69△6 此宜一番變通, 而然不可容易爲之者也。/此宜一番通而然, 不可容易之者也。《승정원일기》

18.99▽2 惟其不和故無親上之心,/惟其不和, 故無親上之心, 《승정원일기》

19.99▽3 不信故無必死之志,/不信, 故無必死之志,《승정원일기》

20.121▽8 時急之事, 亦經旬望而後, 或停當, 或遷就於外方,/時 急之事亦經旬望, 而後或停當, 或遷就於外方,《승정원일기》

21.127△4 脈度虛實, 必須詳知而後, 可以議藥,/脈度虛實必須詳知, 而後可以議藥,《승정원일기》

22.145▽6 順之而不逆故, 能成泰和雍熙之治。/順之而不逆, 故能 成泰和雍熙之治。《허백당집》

23.227△4 宗統, 私親, 制禮截然而後, 乃可謂盡孝於本生也。/宗統, 私親制禮截然, 而後乃可謂盡孝於本生也。《승정원일기》

24.256▽7 身在國學, 優游聖化, 事討論講究之不足者,/身在國學, 優游聖化事, 討論講究之不足者,《승정원일기》

25.264△6 而以再昨禮曹判書金尙容呈辭還出給之故, 不敢入啓, 姑留院中。/而以再昨禮曹判書金尙容呈辭還出給之, 故不敢入啓, 姑留院中。《승정원일기》

26.274▽5 此可見人心之所同然而有大是非存焉者也。/此可見人心之所同, 然而有大是非存焉者也。《승정원일기》

27.283△9 實非大段謬戾之語。而然語不婉曲之失則或有之,/實

非大段謬戾之語而然, 語不婉曲之失則或有之,《승정원일기》

28.303▽1 臣等固知聖意有未釋然, 而宗統之重, 主喪之難, 殿下旣 已明知,/臣等固知聖意有未釋, 然而宗統之重, 主喪之難, 殿下旣已明知,《승정원일기》

29.325▽6 臣等請遞之擧, 不容但已, 而聖批不從。/臣等請遞之擧不容, 但已而聖批不從。《승정원일기》

이상의 예문을 통해 독자 각자가 나름대로 규율을 추출하기 바라며 필자가 확정적으로 추출한 것은 단 한 가지이다. 즉 복문 안의 단문 사이를 연결하는 연접사나 연접을 나타내는 단어는 한문에서는 일반적으로 반점 뒤에 놓는다. 그러나 연접작용을 하지 않는 단어를 연접작용을 하는 단어로 착각하기도 쉽다. 예:

26.69△5 此宜一番變通, 而然不可容易爲之者也。/此宜一番變通而然, 不可容易之者也。《승정원일기》

이 문장에서 '而然'은 연접을 나타내는 단어가 아니다. '此宜一番變通而然'은 '이것은 변통시켜 그렇게 된 것이다'의 뜻이다.

제七장
반점 [,]에 관하여

표점부호에는 여러 가지가 있지만 관건은 복문 중의 단문들에 반점 [,]을 어떻게 찍는가이다. 복문 중의 단문들에 반점을 찍는 데는 문법에 따른 한 가지 원칙과 문법을 떠난 세 가지 부칙이 있다.

원칙: 복문 안의 단문과 단문 사이에는 반드시 반점을 찍어야 한다. 단문과 단문 사이에 반점을 찍지 않으면 오류에 속한다. 술어로 충당된 용언이 몇 개이면 반점을 찍어 몇 개 부분으로 갈라놓아야 한다. 이는 문법에 준한 것이고 가장 중요하므로 원칙으로 한다.

부칙 1: 한 개의 단문 안이지만 너무 길면 의미파악을 위해 반점을 찍을 수 있다.

부칙 2: 한 개의 단문 안이지만 너무 길면 숨을 고르기 위해 반점을 찍을 수 있다.

부칙 3: 판단문일 경우 단문이지만 용언 술어가 없을 수 있다. 이는 용언 술어가 없는 것이 아니라 용언 술어를 생략하였다고 보아야 한다.

一 단문 사이는 반점을 찍어야 한다

복문 중의 각 단문 사이는 반점 [,]로 가른다. 단문인가 아닌가는 용언 술어에 따라 결정된다. 용언 술어가 한 개면 단문이 한 개이고, 두 개면 단문이 두 개이며, 세 개면 단문이 세 개 … 이다. 용언 술어가 없으면 단문이 아니므로 반점을 찍지 않아도 된다.

용언이라 함은 술어로 충당된 동사와 형용사를 가리킨다. 그가 용언이라고 하여도 단문의 술어로 충당되지 않았으면 반점을 찍지 않아도 된다. 이것이 앞에 말한 반점 사용의 원칙 즉 문법에 준한 원칙이다.

상기 제4장 표점부호 오류의 예문은 모두 반드시 찍어야 할 단문과 단문 사이의 반점을 찍지 않았거나 잘못 찍은 것만 표시하였다.

5.7-70 每見族戚乘時干囑, 積失人心, 1-245 늘 보면 친척들이 때를 틈타 청탁을 하여 인심을 잃는 일이 거듭 쌓이면 /每見族戚乘時干囑 積, 失人心, 늘 보면 친척들이 때를 틈타 청탁을 한다. 이런 일이 쌓이면 인심을 잃는다.　　　　　《역주 목민심서》
설명: 이 문장에서 용언 술어는 '見', '積', '失' 3개이므로 '每見族戚乘時干囑, 積, 失人心'으로 표점부호를 찍어야 한다. '族戚乘時干囑'는 '每見'의 목적어이므로 '干囑'는 비록 동사 용언이지만 단문의 술어가 아니므로 반점을 찍어야 할 자격이 상실된다. 표점부호가 틀렸으므로 번역도 문제가 좀 있다. '인심을 잃는 일이 거듭 쌓이면'이 아니라 '(청탁을 하는 일이) 쌓이면 인심을 잃는

다.'이다.

8.72▽2 役不**重**斂不**煩**,/役不重, 斂不煩, 용역이 과중하지 않고 수렴이 번거롭지 않다.　　　　　　　　　　　　　《虛白堂集》

설명: 이 문장에서 용언 술어가 '重'과 '煩'이므로 두 개의 단문으로 갈라야 맞다. 만약 붙여 쓰면 '役不重斂, 不煩'으로도 읽을 수도 있으며 그러면 뜻이 '용역 상 과중하게 수렴하지 않으므로 번거롭지 않다'로 오해될 수 있다.

10.93△5 得其人則**治**不得其人則**亂**。/得其人則**治**, 不得其人則**亂**。
《승정원일기》

설명: 이 문장에는 용언 술어가 '治'와 '亂' 두 개이며 두 개의 단문으로 구성되었다. 따라서 '治' 뒤에 반드시 반점을 찍어야 한다.

11.99▽2 惟其不**和**故**無**親上之心,/惟其不**和**, 故**無**親上之心,
　　　　　　　　　　　　　　　　　　　　　《승정원일기》

설명: 이 문장에는 용언 술어가 '和'와 '無' 두 개이며 두 개의 단문으로 구성되었다. 따라서 '和' 뒤에 반드시 반점을 찍어야 한다.

217△8 世之勤勞, 禍敗之根。/世之勤勞禍敗之根。《허백당집》

91△8 人主之尊, 天也;/人主之尊天也;《승정원일기》

설명: 상기의 두 문장은 용언 술어가 없다. 판단문에서 이런 현상이 종종 발견되는데 이는 용언 술어가 없는 것이 아니라 용언 술어를 생략하였다고 보아야 한다. 즉 '世之勤勞禍敗之根'을 '世之勤勞是(爲) 禍敗之根', '人主之尊天也'를 '人主之尊是(爲)天也'의 생략문으로 보아야 한다. 아래의 제2절에서 무릇 용언 술어에 음영을 가하였지만 음영을 가한 글자가 없는 단문은 모두 용언 술어를 생략한 판단문으로 보기 바란다.

二 단문 안에도 반점을 찍을 수 있다

237△9 維弘治五年歲次壬子五月庚子朔季父倪遣壻郎李復亭告士衡之靈。《허백당집》

설명: 이 문장은 연동구조의 문장이다. 주성분은 '季父遣李復亭告士衡靈'(계부가 이복정을 보내 사형의 영혼에 애고하다.)이다. 동사 '遣'과 '告'는 연동형 술어이다. 30개 글자나 되는 긴 문장이지만 하나의 단문으로 구성되었으므로 문법적으로는 안에 반점을 찍지 않아도 된다. 그러나 읽을 때 숨을 고르기 위하여, 긴 문장의 뜻을 파악하는 데 도움을 주기 위하여 한국고전번역원에서 출판한《허백당집》은 이 한 개 단문 안에 반점을 두 개 찍었다:

維弘治五年歲次壬子五月庚子朔, 季父倪遣壻郎李復亭, 告猶子士衡之靈

필자가 보기에 이 두 개의 반점은 찍어야 할 자리에 잘 찍었다고 여겨진다.

그러면 한 개 단문 안에 찍어도 되고 찍지 않아도 되는 반점을 어떤 위치에, 어느 정도로, 어떻게 찍어야 하는가? 이런 반점에 대해서는 엄격한 규정이 없으며 사람마다 자기의 기호에 따라 찍을 수 있다.

중국어(및 한문)는 형태의 변화, 어미의 변화도 없고 토씨의 작용도 없으므로 어떻게 찍든 오류라고 말할 수 없다. 다만 적합한 정도가 어떤가의 구별이 있을 뿐이다. 어떻게 찍어도 적합하지 않다고 하면 했지 오류라고 말할 수는 없다.

아래에 근년에 한국고전번역원에서 출간한 교감 표점 총서《허백당집》과《승정원일기》에서 한 개 단문 안에 반점을 어떻게 찍었는가를 살펴보자. 음절 수가 적은 데로부터 많은 데의 순서로 열거해 본다. 사선[/]의 왼쪽은 한국고전번역원에서 출간한 교감 표점 총서《허백당집》과《승정원일기》의 원문이고 오른쪽은 한 개 단문이므로 필자가 붙여 써본 것이다. 용언 술어에는 모두 음영을 가했다. 음영이 없는 단문은 앞에 '#'을 달았으며 용언 술어를 생략한 판단문으로 보기 바란다. 한 개의 단문 안에 음영이 두 곳인 것은 연동구조, 겸어구조 또는 포잉구조이다. 연동구조는 '!', 겸어구조 는 '$' 포잉구조는 '&' 부호를 달았다.

1 《虛白堂集》

A+b=4

244▽5 七年, 服闋/七年服闋

A+b=5

169▽3 歲庚寅, 大旱/歲庚寅大旱

174△7 未幾, 擢重試/未幾擢重試

243△6 十月, 加啓功/十月加啓功

243△5 三月, 加宣務/三月加宣務

243△3 七月, 陞奉教/七月陞奉教

244▽4 七月, 加奉正/七月加奉正

A+b=6

41▽10 每夕, 青煙飛起/每夕青煙飛起

!154▽9 其次, 開物成務/其次開物成務

188△4 廷爭之日, 賜酒/廷爭之日賜酒

204▽1 平明, 出御幄殿/平明出御幄殿

210▽3 未幾, 出宰林川/未幾出宰林川

243△1 十二月, 加通德/十二月加通德

A+b=7

23▽3 光之於道, 爲大邑/光之於道爲大邑

39△1 環堂樹木, 數十株/環堂樹木數十株

71▽8 未幾, 又出牧於廣/未幾又出牧於廣

85△7 夫古詩, 譬之水木/夫古詩譬之水木

172▽7 昔,西門豹爲鄴令/昔西門豹爲鄴令

!203△1 四鼓, 上衮冕以入/四鼓上衮冕以入

a+b=8

21▽3 余幼時, 嘗讀雪堂詩/余幼時嘗讀雪堂詩

24△3 秦漢之間, 樂官不一/秦漢之間樂官不一

23▽1 物之疵癘者, 得夠煦/物之疵癘者得夠煦

133▽3 右畫, 如晦之所藏也/右畫如晦之所藏也

#25▽6 唐者, 朝會明廷之樂/唐者朝會明廷之樂

#217△8 世之勤勞, 禍敗之根/世之勤勞禍敗之根

a+b=9

22△3 是故莅政者, 不費民力/是故莅政者不費民力

#25▽7 鄉者,本朝國俗之音也/鄉者本朝國俗之音也

33△1　成化丙戌，移州於隨川/成化丙戌移州於隨川

40△6　江水分流之間，有大島/江水分流之間有大島

104△9　少時，學詩於佔畢先生/少時學詩於佔畢先生

$157▽2　使天下之人，不踰分限/使天下之人不踰分限

a+b=10

22▽4　然余與叔，同桑谷後裔也/燃余與叔同桑穀後裔也

26△5　余與金子京，因糊口到縣/余與金子京因糊口到縣

#29▽7　而賓客觴詠者，必於是焉/而賓客觴詠者必於是焉

#45▽8　則蜀郡之文翁風。斯下矣/則蜀郡之文翁風斯下矣

46△7　夫然後，人與器始相稱也/夫然後人與器始相稱也

!72▽1　去歲，已增修而完葺之矣/去歲已增修而完葺之矣

a+b=11

25▽4　我世宗大王，憤前代之委靡/我世宗大王憤前代之委靡

#25▽6　所謂雅樂者，祭祀正樂之歌/所謂雅樂者祭祀正樂之歌

27△8　而雍熙泰和之治，不難致也/而雍熙泰和之治不難致也

44△3　然後光之學校，比他邑為盛，/然後光之學校比他邑為盛

67▽7　而又於毫毛小事，無不備擧/而又於毫毛小事無不備擧

117△6　往歲，足下以書記自京而還/往歲足下以書記自京而還

a+b=12

22△1　今薛公順祖，以僉樞出為州牧/今薛公順祖以僉樞出為州牧

#25△8　其終始專業者，中樞鄭公沈也/其終始專業者中樞鄭公沈也

28▽3　自始生之日，其父母先給斗粟/自始生之日其父母先給斗粟

29▽9　其時邑宰，因方伯之命而毀之/其時邑宰因方伯之命而毀之

35△5　歲乙巳，又以千秋進賀使到此/歲乙巳又以千秋進賀使到此

81▽8　而雖驍將勇夫之雄, 不能彷佛/而雖驍將勇夫之雄不能彷佛

a+b=13

#25▽1　然所傳者, 皆民間男女相悦之詞/
然所傳者皆民間男女相悦之詞

$26▽3　諸君以余院中舊物, 屬余以作文/
諸君以余院中舊物屬余以作文

27△9　大抵任字牧之寄者, 皆如吾太守/
大抵任字牧之寄者皆如吾太守

!29△3　蓋海洋浩漾之間, 因氣乘陵而起/
蓋海洋浩漾之間因氣乘陵而起

!44▽4　又以舊校之墟, 悉屬於學而爲田/
又以舊校之墟悉屬於學而爲田

203△9　堂上下執樂之人冠服, 歲久剜弊/
堂上下執樂之人冠服歲久剜弊

a+b=14

#25△2　以蠻坡近侍出入梨園者, 幾十年矣/
以蠻坡近侍出入梨園者幾十年矣

30▽1　岂可以風之止作, 繫亭之有無也歟?/
岂可以風之止作繫亭之有無也歟?

30△6　癸卯夏, 太監鄭同·金興欽差到本國/
癸卯夏太監鄭同金興欽差到本國

&32▽4　州之北郊, 又有穹窿延袤者曰牛頭/
!州之北郊又有穹窿延袤者曰牛頭

42△1　讒佞闒茸之在朝者, 皆欲驅而出之/

讒佞闒茸之在朝者皆欲驅而出之

205▽5　翌日，更召宗親宰樞與夫涖事之官/

翌日更召宗親宰樞與夫涖事之官

a+b=15

#26▽7　磅礴嶒崪斗起於朔寧之境者，浮鴨也/

磅礴嶒崪斗起於朔寧之境者浮鴨也

#26▽7　蔥籠蒼翠延袤於安峽之間者，佛籠也/

蔥籠蒼翠延袤於安峽之間者佛籠也

!27▽9　蒙太守之賜者，近者黎民安堵而粖寧/

蒙太守之賜者近者黎民安堵而粖寧

32▽7　兩水之間，峭然獨聳而奇怪者曰玉山/

兩水之間峭然獨聳而奇怪者曰玉山

34△3　錦繡山牡丹峰之下，因崖竅構樓以游/

錦繡山牡丹峰之下因崖竅構樓以游

124▽4　凡一境之奇蹤勝概，毫髮不逃於藻鑑/

凡一境之奇蹤勝概毫髮不逃於藻鑑

a+b=16

35△8　而得之於目，寓之於心者，亦各適其適也/

而得之於目寓之於心者亦各適其適也

87▽4　其生於深山大壑之中者，不賴栽培灌暖/

其生於深山大壑之中者不賴栽培灌暖

87△7　所作書记赋颂歌诗，爲當時儒士之所录/

所作書记赋颂歌诗爲當時儒士之所录

!155▽8　陸賈叔孫通之言，適乘其隙而弗怫乎心√

陸賈叔孫通之言適乘其隙而弗怫乎心

!159△11　而獨以春秋，論天下既往之人而賞罰之/
而獨以春秋論天下既往之人而賞罰之

163▽4　其於本末輕重之序，固以心知而酌之矣/
其於本末輕重之序固以心知而酌之矣

a+b=17

!87▽11　然文章之名，多出於窮困而不出於紈袴者/
然文章之名多出於窮困而不出於紈袴者

88▽1　雖老儒大手有名於文苑者，莫能攀而倫之/
雖老儒大手有名於文苑者莫能攀而倫之

!88▽2　則其河間東平之儔，奚足比肩而擬議之耶?/
則其河間東平之儔奚足比肩而擬議之耶?

#90△8　高麗高宗朝翰林諸儒之會，亦皆一代英俊/
高麗高宗朝翰林諸儒之會亦皆一代英俊

131▽6　先生道德文章，如太和元氣流行於天地間/
先生道德文章如太和元氣流行於天地間

!159▽7　此唐虞三代盛時，所以賞一人而千萬人喜/
此唐虞三代盛時所以賞一人而千萬人喜

a+b=18

92△8　自摠郎而後，達官鉅卿，蟬聯卓犖者，不知幾人/
自摠郎而後達官鉅卿蟬聯卓犖者不知幾人

$161▽5　使頑父嚚母，不以一己之愛憎而惰國家之典/
使頑父嚚母不以一己之愛憎而惰國家之典

46▽8　歲戊申之夏，妻男李止堈自司饔主簿爲縣倅/

歲戊申之夏妻男李止堈自司饔主簿爲縣倅

115△6　與四佳・乖崖・私淑齋三大老, 齊驅并駕於一時/

與四佳・乖崖・私淑齋三大老齊驅并駕於一時

a+b=19

27▽8　使斯民含哺鼓腹而得逐其業者, 皆太守之賜也/

使斯民含哺鼓腹而得逐其業者皆太守之賜也

!52▽3　恭度歿後, 伯氏文安公陪大夫人安氏而游樂焉/

恭度歿後伯氏文安公陪大夫人安氏而游樂焉

233▽5　藝文館某等謹以淸酌庶羞, 敢告檢閱李君之靈/

藝文館某等謹以淸酌庶羞敢告檢閱李君之靈

250▽2　徂歲之辛丑春, 載恒宗人携猶子琦鎬躡屬千里/

徂歲之辛丑春載恒宗人携猶子琦鎬躡屬千里

a+b=21

64△2　上舍金氏卿氏以其鄕豐山縣三龜亭之狀, 求記於余/

上舍金氏卿氏以其鄕豐山縣三龜亭之狀求記於余

157△6　虢之夏陽・魏之西河・楚之方城・漢水, 似若無慮外患也/

虢之夏陽・魏之西河・楚之方城・漢水似若無慮外患也

115▽2　孔明王佐之才・淵明隱逸之士, 而直以意氣而傾慕焉/

孔明王佐之才・淵明隱逸之士而直以意氣而傾慕焉

　!201▽8　龜城君浚・贊成曹錫文・中樞康純・魚有沼等, 受命徂征/

龜城君浚・贊成曹錫文・中樞康純・魚有沼等受命徂征

a+b=22

$47▽8　以鈇鉞出涖靜海鎭之明年, 伻其价沈浩然持鎭圖籍來/

以鈇鉞出涖靜海鎭之明年伻其價沈浩然持鎭圖籍來

229△1 維成化二年歲次丙戌某朔, 長兄某敬祭於亡弟某之靈/
維成化二年歲次丙戌某朔長兄某敬祭於亡弟某之靈

126△10 洪武十七年甲子, 曾祖諱石珚以繕工副令, 按廉交州道/
洪武十七年甲子曾祖諱石珚以繕工副令按廉交州道

!234△4 維弘治二年歲次己酉四月己丑朔庚寅, 爺孃謹備羞酌/
維弘治二年歲次己酉四月己丑朔庚寅爺孃謹備羞酌

a+b=23

!179▽10 賈誼・相如・枚乘・鄒陽之徒・曹・劉・應・阮・陶・謝
・王・徐之輩, 奇而怪/賈誼・相如・枚乘・鄒陽之徒, 曹・劉・應
・阮・陶・謝・王・徐之輩, 奇而怪

a+b=24

126△9 二十九年丙子, 曾祖之昆諱石容以都評理司使, 來爲觀察使/
二十九年丙子曾祖之昆諱石容以都評理司使來爲觀察使

A+b=25

244▽9 九年八月, 陞藝文館副校理・知製教兼經筵侍讀官・承文院
校理/九年八月陞藝文館副校理・知製教兼經筵侍讀官・承文院校理

A+b=26

234▽2 維弘治元年閏正月日, 觀察使成某, 謹以薄奠, 告於亡友李公
之靈/維弘治元年閏正月日觀察使成某謹以薄奠告於亡友李公之靈

244△5 六月, 拜弘文館直提學兼經筵侍講官・春秋館編修官・承文
院叅校/六月拜弘文館直提學兼經筵侍講官・春秋館編修官・承文
叅校

A+b=29

239▽2 維弘治六年十二月朔某辰, 於後磬叔謹以淸酌薄羞, 敢告亡

友蕃仲之靈/維弘治六年十二月朔某辰於後磬叔謹以清酌薄羞敢告亡
友蕃仲之靈

A+b=30

237△9 維弘治五年歲次壬子五月庚子朔, 季父倪遣壻郎李復亭, 告猶
子士衡之靈/維弘治五年歲次壬子五月庚子朔季父倪遣壻郎李復亭告
猶子士衡之靈

A+b=46

82▽1　敬順以後, 有永芬公・林興公・波干嶷宗・干季邕・阿蓋公
・內史令禮謙・少傳周鼎・平章義珍・給事候德・判官壽之・祗候
永固/敬順以後有永芬公・林興公・波干嶷宗・干季邕・阿蓋公・內
史令禮謙・少傳周鼎・平章義珍・給事候德・判官壽之・祗候永固

A+b=50

235△1 維弘治三年歲次庚戌三月癸丑朔二十五日丁丑, 再從弟右尹
俶・右叅贊俊・判書健・大司憲倪等謹以薄奠, 敢告族兄巨卿之靈/
維弘治三年歲次庚戌三月癸丑朔二十五日丁丑再從弟右尹俶・右叅
贊俊・判書健・大司憲倪等謹以薄奠敢告族兄巨卿之靈

a+b=61

231▽8　維成化五年月日, 友人佐郎金致利・著作徐允志・主簿李克
堅・路度丞李策・檢討官成倪・都事朴稲・進士尹碩輔・丁繼祖等
謹以清酌薄羞, 敬告亡友金君之靈/維成化五年月日友人佐郎金致利
・著作徐允志・主簿李克堅・路度丞李策・檢討官成倪・都事朴稲
・進士尹碩輔・丁繼祖等謹以清酌薄羞敬告亡友金君之靈

2 《承政院日记》

a+b=4

29△1　未時，日暈/未時日暈　　　40△5　三更，电光/三更电光

32△1　午時，日暈/午時日暈　　　45△8　申時，日暈/申時日暈

a+b=5

30△3　夜一更，雨雹/夜一更雨雹

#91△8　其威，雷霆也/其威雷霆也

105△3　夜一更，月暈/夜一更月暈

132▽2　辰時，有霧氣/辰時有霧氣

a+b=6

#91△8　人主之尊，天也/人主之尊天也

!91△3　疑者，疏之斥之/疑者疏之斥之

!91△3　合者，親之信之/合者親之信之

100△10　藥石，所以攻疾/藥石所以攻疾

a+b=7

38▽2　以玉堂劄子，答曰/以玉堂劄子答曰

66▽3　時到者，近七百矣/時到者近七百矣

102△1　夜一更，月入畢口/夜一更月入畢口

243△10　夜二更，月暈左珥/夜二更月暈左珥

a+b=8

37▽5　處女年歲,依前啓下/處女年歲依前啓下

39▽3　郎宿之職,爲任最重/郎宿之職爲任最重

39▽8　罷職之請，亦云未減/罷職之請亦云未減

45△8　夜二更，流星出胃星/夜二更流星出胃星

a+b=9

30△2　四更，黑氣一道起艮方/四更黑氣一道起艮方

$37△8　奇恊，令該曹催促給馬/奇恊令該曹催促給馬

#37△3　出征入衛，乃其職分也/出征入衛乃其職分也

5151△2　搢紳之間，疵議紛然矣/搢紳之間疵議紛然矣

a+b=10

$29△1　夜二更，坤方有氣如火光/夜二更坤方有氣如火光

37△10　西路管餉之任，不可暫曠/西路管餉之任不可暫曠

#62▽2　其保珙之道，雖珙之自計/其保珙之道雖珙之自計

62△12　則平山之民，必不至生怨/則平山之民必不至生怨

a+b=11

#37▽4　處女單子，今當知委捧之矣/處女單子今當知委捧之矣

$!56▽8　去夜遣郎廳，入直各處摘奸/去夜遣郎廳入直各處摘奸

56△2　我國則將帥之人，臨時差定/我國則將帥之人臨時差定

67▽7　而又於毫毛小事，無不備擧/而又於毫毛小事無不備擧

a+b=12

!38△3　一國之人，岂可家道而户曉哉?/一國之人岂可家道而户曉哉?

43▽8　比年各道封進之馬，品皆不好/比年各道封進之馬品皆不好

82△2　是以百金之寶，置諸溝路之淺/是以百金之寶置諸溝路之淺

&85△10　竊念用兵之道，將官先得其人/竊念用兵之道將官先得其人

a+b=13

44△8　岂可以微功，貸此罔赦之重罪乎?/

岂可以微功貸此罔赦之重罪乎?

!49▽1 而一國之人，豈能家道而戶曉哉?/
而一國之人豈能家道而戶曉哉?

58▽2 臣曾見昌義兩鎭，城中草屋甚多/
臣曾見昌義兩鎭城中草屋甚多

129△10 平安，咸鏡兩道監司處，別爲下書/
平安，咸鏡兩道監司處別爲下書

a+b=14

#38△10 臣等今日之論，卽大臣保全之意也/
臣等今日之論卽大臣保全之意也

#50△6 所謂甚於爾瞻之世者，乃其常談耳/
所謂甚於爾瞻之世者乃其常談耳

80△5 故沈悅爲判尹時，號牌廳堂上啓下/
故沈悅爲判尹時號牌廳堂上啓下

117▽1 大抵漁鹽及船稅，雖不可大可搜刮/
大抵漁鹽及船稅雖不可大可搜刮

a+b=15

#40▽3 全羅道筵日進上方物單子，滿紙油紙/
全羅道筵日進上方物單子滿紙油紙

!48▽8 臣等將珙之事，連日籲呼而不知止者/
臣等將珙之事連日籲呼而不知止者

52△8 而特以保全與不得保全，爲殿下陳之/
而特以保全與不得保全爲殿下陳之

107△1 去夜御營廳所送軍號，哨官偓然退在/
去夜御營廳所送軍號哨官偓然退在

a+b=16

37△10 南以雄旣遞之後, 成俊考卽當代察其任/
南以雄旣遞之後成俊考卽當代察其任

51△5 當時漢廷議律之臣, 其皆陷君不測者乎?/
當時漢廷議律之臣其皆陷君不測者乎?

86△ 今此江原, 忠淸兩道所送之軍, 節續上來/
今此江原, 忠淸兩道所送之軍節續上來

131△10 左道水站該運之數, 一年多至二萬餘石/
左道水站該運之數一年多至二萬餘石

a+b=17

51△10 當此之時, 必得一世公明正直, 衆所共知者/
當此之時必得一世公明正直, 衆所共知者

63▽5 今者長湍刷馬之價, 專委於本府官吏之手/
今者長湍刷馬之價專委於本府官吏之手

83△3 染病同處之人, 則亦不得近狎於長者之前/
染病同處之人則亦不得近狎於長者之前

104▽8 本院下番四員內, 兼司書鄭弘溟本曹呈旬/
本院下番四員內兼司書鄭弘溟本曹呈旬

a+b=18

$108△7 入直叄奉及守護軍等, 令攸司推考治罪爲當/
入直叄奉及守護軍等令攸司推考治罪爲當

123▽3 而前日驪州賊李玭捕捉之人, 至今未聞論賞/
而前日驪州賊李玭捕捉之人至今未聞論賞

$155▽4 且船匠及工匠糧料, 令所在官捉付題給宜當/

且船匠及工匠糧料令所在官捉付題給宜當

a+b=19

50△3　抑以其經綸際遇之輩，多是本來爲世擯棄之類/

抑以其經綸際遇之輩，多是本來爲世擯棄之類

!85△1　前日榻前,臣以西邊人物圖出黃海道各司奴婢/

前日榻前臣以西邊人物圖出黃海道各司奴婢

&138▽3　而烙刑時,但言其叔允福於鄭栢壽・金介家謀逆/

而烙刑時但言其叔允福於鄭栢壽・金介家謀逆

304▽7　故臣於二十四日相会禮時,以臣意略及於同僚/

故臣於二十四日相会禮時以臣意略及於同僚

a+b=20

&38△8　復踵奇貨之說，則臣等恐處之之道必難於今日也/

復踵奇貨之說則臣等恐處之之道必難於今日也

!&117△9　三醫司等雜類中，只令本業登科者使之佩角宜當/

三醫司等雜類中只令本業登科者使之佩角宜當

!155△8　且列邑之中，長興，泰仁，和順，寶城等官，皆下馬調送/

且列邑之中長興，泰仁，和順，寶城等官皆下馬調送

a+b=21

49▽7　金堤郡守宋興周，前任公州牧使時，以率畜邑妓被論/

金堤郡守宋興周前任公州牧使時以率畜邑妓被論

117▽10　三醫司之於吏文學官，寫字官，書員等，果是同類之人/

三醫司之於吏文學官，寫字官，書員等果是同類之人

$153▽2　寧有以三之一所出之穀，不得充十之一所存之數乎?/

寧有以三之一所出之穀不得充十之一所存之數乎?

- 209 -

!310△8　山所役軍及凡干應行之事, 何至今不爲磨鍊以入耶?

山所役軍及凡干應行之事何至今不爲磨鍊以入耶?

a+b=22

&86△2　且忠清道　海美撥軍任八開, 自稱今番號牌時新入武學/

且忠清道　海美撥軍任八開自稱今番號牌時新入武學

152▽6　而昨日大王大妃殿陳賀時, 義昌君玼鞠躬於問安廳前/

而昨日大王大妃殿陳賀時義昌君玼鞠躬於問安廳前

a+b=23

79△10　數日前同僚以持平李景憲出仕洪集召還事, 簡通于臣矣/

數日前同僚以持平李景憲出仕洪集召還事簡通于臣矣

!235△3　而乃於初喪急劇之中, 始下綾原出繼之教而欲自主其喪/

而乃於初喪急劇之中始下綾原出繼之教而欲自主其喪

a+b=24

167▽7　臣於昨日, 以京各司, 諸宮家所占船隻, 魚鹽還屬公家事, 論啓/臣於昨日以京各司, 諸宮家所占船隻, 魚鹽還屬公家事論啓

a+b=26

130△9　昨日筵中完豊君李曙所啓忠州李邂等捕捉之人, 今有論賞之命/昨日筵中完豊君　李曙所啓忠州　李邂等捕捉之人今有論賞之命

A+b=27

37△7　南以雄, 與成俊考面看替事後上來之意, 南以雄, 成俊考處下　諭宜當/南以雄與成俊考面看替事後上來之意南以雄, 成俊考處下諭宜當

a+b=30

117▽9　則彼忠義衞兼司僕等受禄人及許多法典内如畫員等雜職人等, 亦願佩角/則彼忠義衞兼司僕等受禄人及許多法典内如畫員等雜職人

等亦願佩角

    위에 열거한 예문은 모두 용언 술어가 한 개인데 그 안에 반점을 찍은 것이다. a+b가 가장 적은 것이 4개의 글자이고 a+b가 가장 긴 것이 61개 글자이다. 다음 절에서 그들의 적합 여부를 살펴보려 한다.

三 단문 안의 반점을 적당히 찍자

    한국고전번역원은 2010년 5월 28일 오후 고서에 표점부호를 찍을 데 관한 포럼을 개최한 적이 있다. 이번 회의는 고서에 표점부호를 찍는 동원령이라고 할 수 있겠다. 그때부터 지금까지 10년 남짓한 시간이 흘렀으며 한국 고서 정리업계 특히 한국고전번역원은 이미 표점부호를 찍은 책을 여러 가지 출판하였다. 필자가 보건대 장족長足의 발전을 이룩하였다고 평가할 만하다. 일부 반점을 틀리게 찍은 것은 있을 수 있는 오류이고 지엽적인 문제이다. 경향성으로 그리 합리적이지 않다고 생각되는 것은 단문 안에 반점을 너무 많이 찍은 것이 약점이라 생각된다.

    아래의 도표로 표시할 수 있다.

```
0———1———2———3———4———5———6———7———8———9……10
A         B         C         D  E
```

0A는 아무런 표점부호를 찍지 않고 붙여 쓴 원시 한문 문헌이고, 3B는 원시 한문을 띄어 쓴 것이며, 6C는 현재 한국고전번역원이 표점부호를 찍은 상황이고, 9D는 비교적 표준적으로 표점부호를 찍은 것이며 10E는 추구하여야 할 완벽한 방향과 목표이다. 고전번역원에서 출판된 《虛白堂集》과 《承政院日记》는 6C에 해당한다.

《虛白堂集》과 《承政院日记》는 표점부호를 비교적 잘 찍은 작품이라고 평가할 수 있지만 반점을 너무 많이 찍은 약점이 있다는 생각이 든다. 위의 제2절에 열거한 예문 중 음절 수가 비교적 적은 것, 즉 비교적 짧은 문장들은 반점을 찍지 않는 것이 더욱 좋다고 본다. 필자의 견해는 a+b가 12자 이하면 그 사이에 반점을 찍지 말고 a+b가 13~18이면 반점을 찍을 수도 안 찍을 수도 있으며 a+b가 19 이상이면 반점을 찍는 것이 좋다고 본다. 물론 같지 않은 문체와 같지 않은 독자에 대해 조금씩 변통할 수는 있다. 이들을 종합하여 아래의 8가지에 반점을 찍지 말 것을 참고로 제공한다.

1 술어로 충당되지 않은 용언

아래 문장의 동사 용언 '活' 자가 이런 유형에 속한다.

1-100▽1 仍命有司 在處存問 鰥寡孤獨 老病不能自活者 給養之

설명: '活' 자는 동사이지만 '自' 자 한 글자의 술어이며 '自活'로 결합하여 '不能'의 목적어이지 전반 단문의 술어가 아니다. 문장 성분의 구조를 분석하면 아래와 같다.

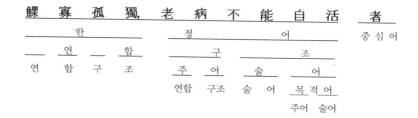

위 복문 중의 용언 술어는 '命', '存問', '給養' 세 개이다. 그러므로 이 문장의 반점은 이렇게 찍어야 한다.

仍命有司, 在處存問鰥寡孤獨, 老病不能自活者, 給養之。

'新(형용사)'과 '構(동사)'는 용언이지만 '小亭'의 한정어이지 단문의 술어가 아니다.

2 음절 수가 너무 적은 용언

1-9△4. 彼為佐・為輔・為幕賓・為僕隸者, 皆父傳子承, 如古之世卿焉。

이 문장을 용언 술어에 따라 아래와 같이 반점을 찍을 수 있다.
彼為佐, 為輔, 為幕賓, 為僕隸者, 皆父傳, 子承, 如古之世卿焉。

그러나 '為佐', '為輔', '為幕賓', '為僕隸', '父傳', '子承'의 글자 수가 너무 적기 때문에

'彼爲佐・爲輔・爲幕賓・爲僕隷者, 皆父傳子承, 如古之世卿焉。'로 찍거나 '彼爲佐, 爲輔, 爲幕賓, 爲僕隷者, 皆父傳子承, 如古之世卿焉。'로 찍을 수 있다.

음절 수가 어느 정도 적어야 하는가? 한 개 음절 또는 두 개 음절에 한하며 간혹 3개 음절이 한 개 단문 안에 개별적으로 섞였을 때도 찍지 않을 수 있다.

7-9△6. 然且古之諸侯, 父傳子承, 世世襲位,

설명: 이 복문에는 용언 술어가 '傳, 承, 襲位' 세 개이므로 '然且古之諸侯父傳, 子承, 世世襲位'로 찍어도 되는데 '父傳', '子承'의 말마디가 너무 짧으므로 찍지 않을 수 있다.

3 '者' 자구조者字結構

25▽6 唐者, 朝會明廷之樂;/唐者朝會明廷之樂;《虛白堂集》
29▽7 而賓客觴詠者, 必於是焉/而賓客觴詠者必於是焉。《虛白堂集》

'唐者', '賓客觴詠者'는 문법적으로 한 개의 명사와 같다. 물론 화제의 대상을 강조하기 위하여 '唐者,' '而賓客觴詠者,'로 찍기도 하는데 이는 표점부호의 본론 외의 문제이므로 이곳에서 할애한다. 너무 길면 '者' 자 뒤에 반점을 찍을 수도 있다.

87▽4 其生於深山大壑之中者, 不賴我培灌暖,《虛白堂集》

4 '之' 자구조之字結構

188△4 廷爭之日, 賜酒,/廷爭之日賜酒, 《虛白堂集》
39▽3 郞宿之職, 爲任最重/郞宿之職爲任最重 《승정원일기》

'廷爭之日', '郞宿之職'는 문법적으로 한 개 명사와 같으므로 그로 인하여 반점을 찍을 필요는 없다. 그러나 너무 길면 찍을 수 있다.

87▽4 其生於深山大壑之中者, 不賴我培灌暖, 《虛白堂集》

5 개빈구조介賓結構

26△5 余與金子京, 因糊口到縣/余與金子京因糊口到縣 《虛白堂集》

余	與	金子京	因	糊口	到	縣.
주어	부사어(개빈구조)		부사어(개빈구조)		술어	목적어
	개사	빈어	개사	빈어		

이 문장에 개빈구조가 '與金子京'과 '因糊口' 두 개 있다. 개빈구조는 통틀어 문법적으로 한 개의 부사에 해당하므로 반점을 찍지 않는다. 단 너무 길면 찍을 수도 있다.

163▽4 其於本末輕重之序, 固以心知而酌之矣 《虛白堂集》

6 겸어구조兼語結構

102▽1 王使人取欖開之,《역주 삼국사기》

王　　使　　人　　　取　欖　開　之,
주어　술어　목/주　　　술　　　어
　　　　　　　　　　연 _ 동 구 조 _
　　　　　　　　　　술　목　술　목

겸어구조兼語構造는 두 개의 동사(용언)이지만 그 사이에 반점을 찍지 않는다. 앞에 놓인 동사는 반드시 사역을 표시하는 '使, 令, 命, 請, 讓' 등 동사여야 한다. 위 문장에서 용언은 '使', '取', '開' 세 개이지만 '取'와 '開'는 연동구조를 주어 한 개의 술어로 충당되었다. '人'은 타동사 '使'의 목적어임과 동시에 뒤 '取欖開之'의 주어이다.

87▽4 其生於深山大壑之中者不賴我培灌暖《허백당집》

其生於深山大壑之中者　不賴　　我　　培灌　暖
　　　　주　　어　　　　술어　목적어/주어　술어　보어

겸어구조에 대하여서는 앞 제2장의 '有'를 참조하기 바란다. 단 너무 길면 찍을 수도 있다.

161▽5. 使頑父嚚母, 不以一己之愛憎而惰國家之典,《虛白堂集》

7 연동구조連動結構

52▽2 恭度歿後, 伯氏文安公陪大夫人安氏而游樂焉《허백당집》

恭度歿後, <u>伯氏文安公</u>　<u>陪</u>　大夫人安氏 而<u>游樂</u>焉
　　　　　　　주　어　　　　술어　　（동사연합구조-연동구조）
　　　　　　　　　　　　　　　술어　　목적어

　같은 행위자(주어)가 연이어 두 가지 행동을 한 현상을 연합 동사 구조 즉 연동구조라고 한다. 연동구조는 두 동사가 다 용언 술어이지만 각기 반점을 찍지 않는다. 단 너무 길면 찍을 수 있다.

250▽2 徂歲之辛丑春, 載恒宗人<u>携</u>猶子琦鎬, <u>躡屩千里</u>,

8 포잉구조包孕結構

　信知漢王惡其能《史記・淮陰侯列傳》/한신은 한나라 왕 유방이 자기의 능력에 대해 증오함을 안다.

　信　知　　漢　王　惡　其　能
　주어　술어　　<u>목　　적　　어</u>
　　　　　　　주어　술어　목적어

　작은 단문이 큰 단문의 한 개 성분에 충당되는 문장을 포잉구조라고 한다. 위의 문장에서 '漢王惡其能'은 주어, 술어 목적어가 있는 하나의 완전한 단문이다. 그러나 이 단문이 그보다 큰 단문의 목적어로 충당되었다. 동사 '惡'는 전반 단문의 용언 술어가 아니다.

위의 1~8의 8가지 중 2, 6, 7, 8의 경우 비록 용언 술어가 2개 또는 2개 이상이지만 그 사이를 반점으로 가르지 않는다.

아래의 문장들은《맹자》중 비교적 긴 문장이다. 왼쪽은 원문이 고 오른쪽은 하나의 단문 안에 찍지 않아도 될 반점을 되도록 많이 찍어본 것이다.

1. 是故諸侯雖有善其辭命而至望望然去之,/是故, 諸侯雖有, 善其 辭命而至, 望望然去之,《孟子3・公孫丑上9》그러므로 각국의 군주들이 좋은 말로 그를 초청하였어도 그는 응하지 않았다.

2. 不告于王而私与之吾子之禄爵;/不告于王, 而私与之, 吾子之禄 爵;《孟子4・公孫丑下8》왕에게 청시하지 않고 자기 맘대로 당 신의 봉록과 관위를 그에게 양보하였다.

3. 陳良之徒陳相與其弟辛負耒耜而自宋之滕,/陳良之徒陳相, 與其 弟辛, 負耒耜, 而自宋之滕,《孟子5・滕文公上4》진량의 문인 진 상은 그의 아우 진신과 같이 농구를 메고 송나라로부터 등 나라로 갔는데

4. 夫夷子信以爲人之親其兄之子爲若親其隣之赤子乎?/夫夷子信以 爲, 人之親其兄之子, 爲若親其隣之赤子乎?《孟子5・滕文公上5》 /이 자는 정말 사람들이 자기 조카를 사랑함이 이웃집의 아기 를 사랑하는 것과 같다고 여기는가?

5. 其君子實玄黃篚以迎其君子,/其君子, 實玄黃篚, 以迎其君子,《孟子6・滕文公下5》관리들은 검은색과 누런색의 비단을 광주리에 담아 관리들을 영접하였고

6. 我不意子學古之道而以餔啜也/我不意, 子學古之道, 而以餔啜也《孟子7・離婁上25》나는 당신이 옛사람의 도의를 배워 음식을 위할 줄 몰랐다.

7. 天子使吏治其國而納其貢稅焉,/天子使吏, 治其國, 而納其貢稅焉,《孟子9・萬章上3》천자는 관리를 파견하여 그를 위하여 나라를 다스리며 공물세를 바쳤으니

8. 思天下之民匹夫匹婦有不被堯舜之澤者,/思天下之民, 匹夫匹婦, 有不被堯舜之澤者,《孟子10・萬章下6》그는 이렇게 생각하였다: 천하의 백성 중에서 한 사나이나 한 부녀가 요순의 은덕을 받지 않았다면

9. 子思以爲鼎肉使己僕僕爾亟拜也,/子思以爲, 鼎肉使己, 僕僕爾 亟拜也,《孟子10・萬章下6》자사는 고기 한 덩이를 위하여 거듭 거듭 절을 하는 것은

10. 千乘之君求與之友而不可得也,/千乘之君, 求與之友, 而不可得也,《孟子10・萬章下7》천 대의 군용차를 소유한 임금이 그와 친구가 되려고 하여도 되지 않는 것은

11. 子能順杞柳之性而以爲桮棬乎?/子能順杞柳之性, 而以爲桮棬乎?《孟子11・告子上1》당신은 그래도 버드나무의 성격에 따라 잔이나 접시를 만들어라.

12. 然後知生於憂患而死於安樂也。/然後知,生於憂患, 而死於安樂也。《孟子12・告子下15》이렇게 우환 속에서 사람들을 생존

하게 하고 안락 속에서 사람들을 사망하게 하는 도리를 알 수 있다.

13. 其所以異於深山之野人者幾希;/其所以異於, 深山之野人者, 幾希;《孟子13·盡心上16》 깊은 산 중의 일반 사람과 같지 않은 점이 극히 적다.

14. 然則曾子何爲食膾炙而不食羊棗?/然則, 曾子何爲, 食膾炙, 而不食羊棗?《孟子14·盡心下36》 그러면 정자는 무엇 때문에 고기 부스러기 볶은 것을 먹지만 고욤나무 열매는 먹지 않는가?

선진先秦의 고적, 이를테면《춘추春秋》,《左傳좌전》,《논어論語》,《주역周易》 등은 보통 의미파악이 어려우므로 단문이 짧다. 보통 한 개 단문에 5~8개 글자가 대부분이다. 그러나《맹자》만은 의미파악에 좀 쉬운 원인도 있지만 단문이 비교적 길다. 읽을 재미가 있다. 이 점이 사람들이 선진고적을 읽음에《맹자》를 많이 선택하는 원인 중의 하나이다. 필자가 북경대학 중문학과 고전 문헌 전공에서 배울 때 선진문헌 중의 하나를 통독하는 과목이 있는데 선택된 고서가 바로《맹자》였다.

앞 14개 예문은《맹자》중에서도 긴 문장들이다. 그러나 사선 오른쪽처럼 반점을 찍으면, 마치 긴 국수 오리를 토막토막 자른 듯하여 훌훌 소리 내며 신나게 먹는 감이 없어진다. 마치 거침없이 흐르는 냇물이 큰 돌에 막힌 듯 청산유수 일사천리의 맛이 없어진다. 긴 문장에 이렇게 반점을 다닥다닥 찍으면 독자들이 자기의 자량으로 읽으며 예술적 감상을 느낄 수 있는, 자기의 성과에 만족하며 희열을 느낄 수 있는 여유가 없어진다.

위에 《허백당집》과 《승정원일기》에 한 개 단문 안에 반점을 찍어 토막토막 잘라놓은 예를 많이 들었다. 그중 a+b가 18 이하인 것이 대부분 이런 것들이다. 그러나 《승정원일기》에는 이에 반해 긴 단문 안에 반점을 찍지 않은 예가 꽤 있다. 아래에 그 예문들을 들어본다. 사선 [/] 왼쪽은 한국고전번역원에서 출판한 《승정원일기》의 원문이고 오른쪽은 토막토막 끊는 수법대로 필자가 반점을 찍어 토막 내 본 것들이다.

1.41▽8 殿下每以珙獻議怵於禍而非其本情,/殿下每以珙獻議, 怵於禍, 而非其本情,

2.43△6 誕日進箋時各道差使員躬親進呈,/誕日, 進箋時, 各道差使員, 躬親進呈,

3.43△5 而平安道差使員三和縣令兪大逸稱病不來,/而平安道差使員, 三和縣令兪大逸, 稱病不來,

4.50▽3 不意新除恩命出於物論之所不料,/不意, 除恩命, 出於物論之所不料,

5.55△6 前金堤郡守宋興周前爲公州牧使時,/前金堤郡守宋興周, 前爲公州牧使時,

6.100▽8 豈非表率之地有未能盡實而然也?/豈非表率之地, 有未能, 盡實而然也?

7.104△5 故其中鎌槍一千柄則使臣軍官前縣監黃善身打造於南漢山城外山谷間,/故其中鎌槍一千柄, 則使臣軍官, 前縣監黃善身, 打造於南漢山城外, 山谷間,

8.227△5 乃可謂盡孝於祖宗而盡誠於本生也。/乃可謂, 盡孝於

祖宗, 而盡誠於本生也。

9.235△3 始下綾原出繼之教而欲自主其喪。/始下綾原, 出繼之教, 而欲自主其喪。

10.257△5 殿下之諫臣惟不當爭是爭而强聒於哀疚之中歟?/殿下之諫臣, 惟不當爭是爭, 而强聒於, 哀疚之中歟?

11.258△7 不使殿下至盛無瑕之德有作非自用之累也。/不使殿下, 至盛無瑕之德, 有作非自用之累也。

12.267△7 無惑乎群下之日日籲呼不改不已者也。/無惑乎, 群下之日日籲呼, 不改不已者也。

13.269▽3 大司諫李敏求與右副承旨尹履之同姓四寸妻娚妹夫, /大司諫李敏求, 與右副承旨尹履之, 同姓四寸妻娚妹夫,

14.283▽6 兵曹判書臣李貴送示一長書于鄭經世, /兵曹判書臣李貴, 送示一長書, 于鄭經世,

15.285▽1 予意以爲不識事理與禮文本意者也。/予意以爲, 不識事理, 與禮文本意者也。

16.302▽5. 承命馳往領議政臣李元翼所在衿川地墓所, /承命馳往, 領議政臣李元翼所在, 衿川地墓所,

《허백당집》과 《승정원일기》는 옛 문헌 중 비교적 터득하기 쉬운 문투이다. 《맹자》보다 퍽 쉽다. 한 개 단문 안에 15자 정도로 하여도(즉 a+b가 15개 정도) 독자들이 쉽게 알아볼 수 있다. 그러나 한 개 단문이 15자 이하인데도 그 사이에 반점을 다닥다닥 찍을 필요는 없다.

문혁 때 모택동이 공산당 간부 중 진짜 나쁜 간부는 1~3%에 불과하고 97% 정도는 좋거나 비교적 좋은 간부이므로 그들에게 사면 복권 시켜 줄 것을 호소하며 '不要求全責備'라고 하였다. '不要求全 責備'는 무슨 의미인가? 어떻게 읽는가에 따라 의미가 크게 변하는 데 ① '不要/求全責備'라 읽으면 '완벽하기를 바라며 책망하지 말라' 이고 ② '不要求/全責備'로 읽으면 '전면 부정하지 말라'이다.

모택동의 원뜻과 중공 중앙의 지시 정신은 ①이다. 그런데 중국어 수준이 낮은 연변 자치주의 주요 간부 한 분이 대중 회의에서 ②로 읽어 청중의 폭소를 자아냈다. 그 조선족 간부는 대망신을 한 셈이다. 그렇다고 하여 중앙의 지시문건을 '不要, 求全責備'로 찍을 수는 없 다. 이렇게 찍으면 속된 짓이며 독자를 우롱한다고 인정되기까지 할 수도 있다. 웬만한 수준이면 지시 정신의 전반 뜻에 비추어 '不要求 全責備'라고 써도 '不要/ 求全責備'로 읽을 수 있기 때문이다.

한문도 마찬가지이다. 옛날 서당의 훈장들이 어린이들에게 가르 칠 때 '구두법句讀法'이란 내용이 있다. 한 개 단문 안에 어디에 뜸을 약간 들이고, 어디에 뜸을 좀 더 들이고, 어디에 뜸을 길게 들여 읽 어야 한다고 가르친다. 그러나 이를 인쇄물에 나타내면 안 된다. 훈 장의 가르침을 교과서 안에 붓으로 표시해도 절대 안 된다. 제자들 이 이를 익혀야 한다. 위의 예문 중 사선 오른쪽의 반점이 바로 뜸 을 들이는 곳이다. 학도들은 훈장이 가르친 구두법에 따라 읽어 숙 달되면 성취감을 느끼며 기뻐한다. 만약 학도들에게 자신이 연마해 서 모종 경지에 도달해야 할 이런 공간이 주어지지 않으면 얼마나 유감스럽겠는가? 《허백당집》, 《승정원일기》에 서너 글자에 반 점을 하나씩 찍은 것은 바로 훈장이 뜸을 들이라는 내용을 교과서에 나타내는 것과 다를 바 없다.

앞에 예로 든 《승정원일기》의 긴 문장 16개와 같은 긴 구절이 좀 더 많았으면 하는 바람이다.

제八장
한문을 잘 배우려면
먼저 중국어를 배워라*

* 본문은 2019년 전남대학 초서연구회에서 한 강연고이며 본 책에 넣을 때 약간의 수정을 거 쳤다.

본문에서 '한문'은 고대 중국어를 일컫고 '중국어'는 현대 중국어를 일컫는다. 한국에서 취급하는 한문은 고대 중국어이다. 현재 한국 한문학과는 중국어를 모르는 채 한문을 가르친다. 한자를 한국어 한자어 음으로 읽는다. 이를테면《논어》의 첫 구절 '學而時習之, 不亦說乎?'를 중국어 음 'xué ér shí xí zhī, bù yì yuè hū[ɕyé ɛʐ ʂʅˊ ɕí zʅ̄, pù ì yè xū]'로 읽는 것이 아니라 한자어 음 '학이시습지, 불역열호'로 읽는다. 이는 비효과적인 학습 방법이다. 중국어 발음으로 읽어야 더 빠르고 쉽고 효과적으로 한문을 장악할 수 있는데 말이다.

　혹자는 필자의 이 말에 동의하지 않을 것이다. '어떻게 읽는가가 뭐 그렇게 대단한가? 발음상 조금 틀린다고 하여 빠르고 늦고, 쉽고 어렵고, 효과적이고 비효과적의 차별이 그렇게 크단 말인가?'라며 반론을 가할 것이다.

　본문은 이 문제에 관하여 깊이 설명하여 보련다.

一 한자음은 중국 음에 비해 의미식별의 기능이 약하다

우선 아래의 시를 보자.

서화일당오, 한적화하토, 수지반중찬, 입입개신고

이는 아주 쉬운 고대 동요 시이다. 필자가 이 시를 한문학자 20여 명 앞에서 낭독하고 무슨 뜻인가 맞춰보라고 한 적이 있다. 아무도 맞추지 못했다. 이 시를 중국인에게 중국어로 낭독하였다고 하자.

chú hé rì dāng wǔ, hàn dī hé xiàtǔ.
shéi zhī pán zhōng cān, lì lì jiē xīn kǔ.

이 시를 중국인——이 시를 전혀 모르는 중국인—에게 읽으면 무슨 뜻인지 80~90%는 알아 맞출 수 있다. 초등학교 1~2학년, 심지어 유치원 아이도 알아 맞추는 자가 많다. 이 시는 당唐 시인 이신李紳의 《민농이수憫農二首》 중의 한 수이다:

鋤禾日當午, 汗滴禾下土 谁知盘中餐, 粒粒皆辛苦

이 시의 소리만 들어도 중국인들은 무슨 뜻인지 안다. 아마 '오午' 자와 적滴 자가 무슨 뜻인지 약간 머뭇거릴 수는 있다. 그러나 이 시

를 한자어로 들은 한국인들은 무슨 뜻인지 알기 어렵다. 한문학을
한다는 웬만한 학자도 모른다. 또 다른 한 수의 시를 보기로 하자.

상전명월광, 의시지상상. 거두망명월, 저두사고향.

이 시도 한국인들, 한문학을 깊숙이 접촉한 한국인들이 소리만 들
었을 때 무슨 뜻인가 많이 주저하게 된다. 아마 '명월'과 '고향' 두
단어 외에는 무슨 뜻인지 한참 망설여야 한다. 그러나 이 시를 읽은
중국인들은 초등학생, 심지어 유치원 어린이도 너무나 쉽게 그 뜻을
알아 맞출 수 있다.

chuáng qián míng yuè guāng, yí shì dì shàng shuāng.
jǔ tóu wàng míng yuè, dī tóu sī gùxiāng.

당唐 이백李白의 시 《정야사靜夜思》이다:

床前明月光, 疑是地上霜 舉頭望明月, 低头思故鄉

왜 한자어 음으로 읽으면 무슨 뜻인지 가늠하기 어렵지만 중국어
음으로 읽으면 가늠하기 쉬운가? 음절 수 차이점 때문이다. 중국어
는 음절 수가 1,341개인데 반해 한자어는 음절 수가 436개에 불과
하다1). 한자어 음의 의미식별 기능이 중국어 음에 비해 약하기 때
문이다.

---

1) 중국어와 한자어의 음절 수는 본문의 부록을 보라.

일반적으로 한문 문장에 사용되는 한자가 8천 개쯤 된다면 이 8천 개를 중국어에서는 1,341개의 음절로 표현하고 한자어는 436개의 음절로 표현한다. 이 8천 개의 한자를 8천 가지의 음식이라고 가정하면 중국어는 1,341개의 접시에 담았고 한자어는 436개 접시에 담은 셈이다. 중국어는 한 접시에 평균 6가지씩 담았고 한자어는 한 접시에 평균 18가지씩 담았다고 할 수 있다. 6가지 음식을 담은 접시 중의 한 가지를 골라 먹기는 쉬워도 18가지 음식을 담은 접시 중의 한 가지를 골라 먹기는 아주 불편할 것이다. 그래서 중국어 음으로 읽으면 뜻을 알아 맞추기 쉽지만 한자어 음으로 읽으면 알아 맞추기 어려울 것이다.

이 두 수의 시에 나타난 한자의 동음자同音字를 중국어와 한자어별로 찾아보기로 하자. 아래의 한자는 중국 국가언어문자위원회에서 규정한 7천 개 상용자에서만 뽑은 것이다.

鋤chú 鋤芻除廚鋤滁蜍雛櫥蹰躕黍鼠齟 14개
서 鋤噬墅壻婿犀嶼序庶徐恕抒撕敍暑曙書棲犀 瑞筮糈紓絮緒署胥舒薯西誓逝醑黍鼠齟 36개

禾hé 禾合紇何和劾河曷餄閡盇荷核盉菏齕盒涸頜貉闔翮鞨 23개
화 禾伙化和咼嘩夥樺火畫盉禍花華話譁貨鏵靴驊 20개

日rì 日 1개
일 日一佚佾壹溢逸鎰 8개

當dāng 當珰鐺襠筜 5개

당 倘儻党唐堂塘幢戇搪撞擋棠檔溏瑭璫當瞠糖膛艟螗螳襠讜铛
鏜鐺餳黨 30개

午wǔ 五伍仵迕廡憮忤嫵武侮捂牾鵡舞 14개

오 午五仵伍傲吾吳唔牾嗚嗷圬塢奧娛寤廒忤惡悟懊捂敖於晤梧
汚澳烏熬牾獒聱蜈螯襖誤迂迕郚鄔鎢鏊鏖鰲鼯 46개

汗hàn 漢汗旱捍悍菡焊頷瀚翰憾撖 12개

한 汗嫺寒恨悍捍旱汗漢瀚焊狠瘑罕翰皖莧邗邯閑限韓頇鷳鼾
25개

滴dī 氐低羝堤嘀滴鏑 7개

적 滴厝嫡寂摘敵滴滌炙狄的磧積笛籍糴翟葯藉謫賊赤跡蹢躍迪
適鏑鯽 29개

下xià 下夏嚇唬廈 5개

하 下何廈呀呵嚇夏暇河瑕罅荷菏葭蝦訶賀遐霞蝦 20개

土tǔ 土吐釷 3개

토 土兔吐菟討 5개

誰shéi 誰 1개

수 誰修受叟售嗽嗾囚垂壽嫂守宿岫帥庋愁戍手授搜擻收數樹殊

殳水汈洙潃漱燧狩獸琇瘦睡睢溲崇秀稅棰穗竪粹綏綬繡羞

脩膌芟茱荾莠蒐蕿籔藿術袖誶譙讎輸遂邃酥酬銖銹錘陲隋

隨隧雖需須飀餿首髓鬚 86개

知zhī 之知支芝織枝汁吱脂肢衼蜘梔隻胝泜氏厄 18개

지 知之只咫地坁墀志忮持指摯支旨智枝枳止池沚漬痣跱砥祉

簁紙耆肢胝脂至芪芝蜘誌識趾踟軹輊遲邸鷙 45개

盤pán 盤胖爿磐蟠槃蹣般 8개

반 盤伴半反叛扳拌搬攀斑柈槃泮潘班畔瘢盼磐絆胖般蟠襻蹣返

頒飯 28개

中zhōng 中忠鐘終盅衷螽忪 8개

중 中仲衆酮重 5개

餐cān 餐叄驂 3개

찬 餐撰攢攛燦爨璨瓚竄簒粲纂纘屫讚贊趲鏟鑽饌 20개

粒lì 立力麗利歷厲吏壢藶笠莉例勵嚦栗俐儷篥瀝荔酈礫礪隸戾

櫟癧溧菈鬲疬痢詈躒靂糲粒猁唳欐蠣儢轣 43개

입 粒立笠入廿 5개

皆jiē 皆接節街階嗟揭竭秸結喈湝癤 13개

개 皆丐介價個凱剴匃喈垓塏尬恝愷慨慨揩改楷概溉玠疥磕胲芥

- 231 -

蓋蚧鍇鎧開　31개

辛xīn 辛新心莘鑫芯馨薪鋅歆欣昕　12개

신　辛伸信呻哂囟娠宸慎抻新晨汛燼申矧神紳胂腎臣莘薪蜃讯詵
　　矑身迅　29개

苦kǔ 苦刳矻　3개

고　苦估涸刳古叩告呱咎固堌姑孤尻庫拷故敲杲枯栲槁槹橐沽痼
　　皋瞽稿箍糕绔罟羔翱考股胯膏菰蒿藁蛄蠱觚詁詰賈跨辜郜
　　酤鈷錮僱靠顧骰高　鴣鼓　61개

중국어:

鋤14+禾23+日1+當5+午14+汗12+滴7+下5+土3+谁1+知18+盘8+中
8+餐3+粒43+皆13辛12+苦3=193

$$193÷18=10.7$$

한자어:

서36+화20+일8+당30+오46+한25+적29+하20+토5+수86+지45+반
28+중5+찬20+입5+개31+신29+고61=529

$$529÷18=29.4$$

　　중국어는 평균 10.7자에서 한 글자를 고르고 한자음은 평균 29.4
자에서 한 글자를 고른다. 최악의 경우, '誰' 자는 무려 86자에서 한
글자를 골라야 한다. '수'로 읽는 한자가 무려 86개나 되기 때문이
다('shéi'로 읽는 한자는 단 '誰' 한 개).

床chuáng 床幢 2개

상 床傷像償商喪嗓嘗嫦孀尚常庠廂徜想慡响桑橡殤湘湯瀧爽狀相磉祥
箱緗翔裳觴詳象賞霜顙餉鲞 41개

前qián 前蕁鈐虔錢鉗捐乾楗潛黔 11개

전 前佃傳全典顛剪嗔囀塡奠專展巓悛戔戩戰拴搏旃栓椽殿氈沌
淀淺湍湔滇澱澶瀍濺煎田甸町畋痊癲癇磚竣筌箋篆箭纏氊腆
臻荃蜓詮輾轉銓錢鎭鐫雋電顜顚顫餞 68개

明míng 明名茗洺冥銘蓂溟暝瞑螟 11개

명 明冥名命暝木命洺溟皿瞑茗螟酩銘鳴 15개

月yuè 月樂刖玥岳櫟鑰鉞閱悅躍越粵樾龠淪 16개

월 月刖樾粵越鉞 6개

光guāng 光咣桄胱 4개

광 光匡壙廣曠框桄狂眶筐纊胱誆誑 14개

疑yí 疑匜儀圯夷沂飴怡宜薁咦貽姨眙胰㾾蛇移痍遺頤嶷簃彛 24개

의 疑依倚儀劓宜嶷意懿揖擬旖椅毅沂漪犄猗矣義臆薏蛾蟻衣誼
議醫錡 29개

是shì 是士氏示世式似勢事侍飾試視拭貰柿峕適室蒔軾鈰舐釋弑
諡嗜笹誓奭噬螫匙殖 35개

시 是侍偲兕匙筒嘶塒始尸屎屍屜市廝弑恃撕施時柿柴澌猜矢示
　　　緦翅腮舐蓍蒔葹視詩試諡豉豕豺釃鰣鳲 43개

地dì 地弟的帝遞娣苐第諦蒂棣睇締碲踶 15개
지 地之只呮址坻墀志恄持指摯支旨智枝枳止池沚漬痣皆知砥祉
　　　簏紙耆肢胝脂至芪芝蜘誌識趾踟軹輊遲邸鷙 45개

上shàng 上尚 2
상 床傷像償商喪嗓嘗嫦孀尚常庠廂徜想搡晌桑橡殤湘湯瀧爽狀
　　　相磉祥箱緗翔裳觴詳象賞霜頹餉鲞 41개

霜shuāng 霜雙瀧孀爽 5개
상 床傷像償商喪嗓嘗嫦孀尚常庠廂徜想搡晌桑橡殤湘湯瀧爽狀
　　　相磉祥箱緗翔裳觴詳象賞霜頹餉鲞 41개

舉jǔ 舉柜咀沮莒枸矩蒟欅齟踽 11개
거 舉倨去居巨拒據矩椐欅渠炬琚璩砝碟祛腒苣莒蕖蘧袪裾詎距
　　　踞車遽鋸 30개

頭tóu 頭投骰 3개
두 頭兜抖斗杜痘竇篼肚蚪蠹讀豆逗陡 15개

望wàng 望王妄忘旺 5개
망 望亡妄忙漭杧氓砭忘盲網罔芒茫莽蟒輞魍 18개

低dī 低羝堤嘀滴鏑 6개

저 低佇儲咀姐底抵杵杼楮樗氐沮渚潴煮狙疽租箸紵羝苧苴菹
著蔗褚詆詛諸豬貯趄躇這邸除雎骶齟 42개

思sī 思司絲私唑鷥偲斯螄緦颸厮鍶撕嘶澌 16개

사 思乍事些仕似伺使俟傻卸司史唆嗣嗄四士奢姒娑寫寺射屣
巳徙思捨斜斯查杪梭榭死汜沙泗涘渣瀉獅畬砂砟祀社祠私
笥篩紗絲耍耜肆舍辭苴莎蓑蓰蛇虫昔螄裟詐詞謝賜赦辭邪
飼駟駛鯊鷥麝 82개

故gù 故估固顧堌梏崮雇錮痼鯝 11개

고 苦估涸刳古叩告呱咕固堌姑孤尻庫拷故敲杲枯栲槁槀櫜沽痼
皋瞽稿箍糕綆罟羔翱考股胯膏菰蒿藁蛄蠱觚詁詬賈跨辜郜酤
鈷錮僱靠顧骷高鴣鼓 61개

鄉xiāng 鄉薌相香廂湘緗箱襄驤鑲 11개

향 乡享向嚮薌鄉響餉饗香 10개

중국어:

床2+前11+明11+月16+光4+疑24+是35+地15+上2+霜5+舉11+頭3+
望5+低6+思16+故11+鄉11=188

$$188 \div 17 = 11.1$$

한자어:

상41+전68+명15+월6+광14+의29+시43+지45+상41+상41+거30+두
15+망18+저42+사82+고61+향10=601

$$=601 \div 17 = 35.4$$

중국어는 평균 11.1글자에서 한 글자를 고르는 셈이고 한자어는 평균 35.4글자에서 한 글자를 고르는 셈이다. 최악의 경우 '思' 자는 82자에서 한 글자를 골라야 한다('sī'로 읽는 한자는 16개에 불과).

이 통계만으로 보아도 왜 중국어로 읽으면 뜻이 머리에 떠오르지만 한자어로 읽으면 뜻이 떠오르기 어려운가를 가히 알 수 있다. 상기는 현대 중국어 7천 개 상용자常用字 내의 통계이고 만약 현대 중국어 상용자에 국한 시키지 않으면 상황은 이보다 퍽 더 엄중하다. 이를테면 '연'으로 읽는 한자를 보자.

'연'으로 읽는 한자는 107개인데[2] 이 107개의 한자를 중국어에서는 아래의 25가지로 읽는다. 이 25가지 음을 한자어에서 한 가지로 읽으면서 뜻을 구별한다는 것은 도저히 불가능하다.

chán涎 chuán椽 juān娟 juàn悁 nuò愞 qiān鉛 rán然 rǎn橪 rú蠕 ruán壖 ruǎn軟 shān埏 shǔn吮 xián涎 xiàn綖 xuàn涓 yān咽 yán妍 yǎn演 yàn燕 yuān淵 yuán緣 yuàn掾 yīn禋 yín黃

고대 중국어는 단음절 어휘가 위주이다. 이 단음절 어휘의 언어에 적응하여 고대 중국어 어음체계의 음절 수는 매우 많았다. 《절운切韻》, 《광운廣韻》을 대표로 하는 중고 중국어의 음절 수는 3,800여 개였다. 그런데 알타이어 계통 민족의 대거 남침으로 북방의 중국어가 근대~현대 중국어로 변화하며 음절 수가 급속히 줄어들어

---

2) 두산동아 사전편찬실 편저 《동아 백년 옥편》(1997년)에 근거하였다.

마침내 지금의 1,341개로 되었다. 현대 중국어 어음체계는 개봉開封-남경南京-북경北京을 서로 연결한 삼각형 안 지역의 음이 융합된 것이다.

이에 적응하여 한 개 단어의 음절 수도 1개 위주로부터 2~4개로 늘었다. 상고~중고 3,800개의 음절과 단음절單音節 어휘 위주의 언어가 서로 적응되었다면 근대~현대의 1,341개 음절과 1~4개 음절의 언어가 서로 적응되었다. 이는 언어 발전 규율에 부합되는 변화이다.

문제는 3,800여 개의 음절로 인지認知하던 고대 중국어를 1,341개 음절의 현대 중국어 어음체계로 인지하기에는 많이 역부족이므로 중국인들은 골머리를 앓는다. 설상가상으로 한자어는 436개의 음절로 읽지만 한 개 단어의 음절 수는 여전히 1개가 위주이다. 한자어 음으로 읽으면 뜻의 인지는 거의 불가능하다. 한문을 중국어 음으로 읽으면 이 모순이 많이 해결된다.

二 언어의 물질적 존재는 어음이지 문자가 아니다

지난 세기 언어학 대가들은 '언어와 문자는 두 가지 서로 다른 부호계통이며 문자의 존재 의의는 다만 언어를 표현하는 데 있다'라고 하였다[3]. 모두 사고는 언어를 도구로 하며 문자는 다만 언어를 기록

---

3) Ferdinand de Saussure 저 《일반 언어학 교정》.

하는 도구, 즉 도구의 도구에 불과함을 피력하였다.

이런 견해는 모두 서방 언어학자들이 지난 세기 초에 영어를 토대로 하여 제출한 논단이다. 그때 중국의 석학들은 이 논단을 수용하였을 뿐만 아니라 한 걸음 더 나아가 '한자를 병음 자모로 고쳐야 한다(담사동譚嗣同)', '배우기, 쓰기 어려우므로 교육의 보급과 지식의 전파를 저해함은 한자의 죄악이다(전현동錢玄同)', '한자가 망하지 않으면 중국은 망한다(노신魯迅)'라는 주장을 서슴없이 내놓았다.

그러나 1980년대 후반부터 중국인들의 한자에 대한 견해가 변하고 있다. 첫째는 한자의 컴퓨터 입력에 성공하였고, 둘째는 개혁개방에 따른 경제부흥으로 인하여 중국인의 자존심이 급부상하였다. '한자는 표의문자表意文字이므로 단순한 부호 즉 언어를 표기하는 도구로만 볼 수 없다'라는 견해가 지금 중국 학계에서 상당한 우세를 차지하고 있다. 수동적으로 언어를 기록하는 도구가 아니라 능동적으로 언어에 작용하는 존재라는 것이다.

언어와 문자는 어떤 관계인가? 언어, 문자와 사고는 또한 무슨 관계인가? 이런 문제에 관해 학계는 지금까지 논쟁 중이며 일치한 견해를 이루지 못하고 있다. 그러나 필자는 한자를 포함한 모든 문자의 작용을 과대평가함을 반대하는 입장이다.

우선 한자는 표의문자가 아니다. 상형象形, 회의會意, 지시指示로 만든 '표의문자'는 전체 한자의 8%에 불과하다. 표의성도 미약하고 상징적 표의에 불과하다. 그러므로 필자의 스승 구석규裘錫圭 교수—현 중국 문자학의 제1 권위자—는 한자는 표의문자가 아니고 형성形聲 문자임을 강조한다.

가장 상형적이라고 예로 들 만한 '人, 月, 火, 木' 등 글자에서도

'사람, 달, 불, 나무'의 형체가 퇴색하여 없어졌고 상징적인 부호로
남았다. '履' 자 같은 글자의 표의성은 더욱 막연하다. 뜻을 나타내
는 형形은 표의성이 간접성間接性, 농통성籠統性, 모호성模糊性, 범주성
範疇性의 형에 불과하다. 초창기에 표의로 창제된 문자는 한자뿐이
아니다. 그러나 표의성이 퇴색하여 마침내 표음表音 문자로 변해버렸
다. 한자도 약 540~640가지의 부품으로 구성된 형성形聲 문자이며
그중 뜻을 나타내는 형이 끊임없이 퇴색하여 표음문자에 접근하고
있다.

　문제는 '표의성'이 있다는 한자가 인간의 사고에 어떤 영향을 끼
치냐이다. 필자의 견해는 한자를 응용하는 인간도 사고를 언어로 하
고 언어의 중심은 어음이며 한자는 그 어음을 중심으로 하는 언어의
도구에 불과하다고 본다. 그가 '뜻글'이기 때문에 보통 병음 문자보
다 작용이 크다고 하여도 언어에 종속되는 지위를 벗어나지 못한다.
이 문제는 이론 자체로 해석하기 어려우므로 아래에 실천적인 예를
들어본다.

　1. 북경에 거주하는 한국인들은 자식을 중국인학교에 보낸다. 한
글을 모르므로 주말 한글학교에 다니며 한글을 배우게 한다. 40개
자모를 배우고 자모를 배합하여 글을 지어 읽을 줄 알면 되니까, 두
어 달이며 마스트할 것으로 생각하였다. 그러나 1년을 배워도 시원
치가 않다. 문장을 읽을 줄은 알지만 뜻을 모르니 말이다. 결국 언어
가 문자보다 중요함을 증명한다.

　2. 중국의 외국 유학생을 보자. 한자문화권에 있으며 한자를 본국
에서 응용하고 있는 일본, 한국 유학생의 중국어 수준이 구미 학생
에 비해 월등하게 높으리라 사람들은 상식적으로 생각한다. 그러나

그렇지가 않다. 무슨 원인인가? 일본, 한국 유학생은 한자를 알고, 또한 그것이 자기의 우세이므로 중국어를 배울 때 항상 눈으로 문자를 보는 데 집착한다. 그러나 구미 학생들은 귀로 듣고 입으로 말하는 소리에 집착한다. 결국은 구미 학생의 중국어 수준이 일본, 한국 유학생보다 낮지 않다.

한번은 기자가 HSK(한어수평고시漢語水平考試) 관리자를 취재하며 "한자문화권의 일본, 한국 유학생의 중국어 수준이 구미 등 다른 나라의 유학생보다 높은가?"라는 질문을 던진 적이 있다. 관리자의 해답은 "지금까지 HSK 시험을 10여 년 진행하였는데 그 결과를 종합해 보면 일본, 한국 유학생의 성적이 구미 등 나라 유학생보다 높지 않다"이다. 결국, 언어를 장악하는 관건은 언어의 '소리'에 있지 언어를 기록하는 '문자'의 형태에 있지 않다고 풀이된다.

3. 필자는 한국에 온 후 약 2년간 족보 정리업에 종사한 적이 있다. 양반 가문의 상소문上疏文을 꽤 많이 번역하였는데 가장 어려운 것은 상소문에 제멋대로 갈겨쓴 암행어사들의 제사題詞이다. 한번은 초서를 평생 썼다는 모 한국인 서예가에게 모 제사가 무슨 글자, 무슨 뜻인가 물었더니 전혀 모른다고 답하지 않겠는가. "평생 초서를 썼는데 왜 모르느냐?"라고 물으니 짜증을 내며 "내가 평생 초서를 그렸지 읽었느냐?"라고 반문하는 것이었다. 초서를 '미술'로 취급했다는 말이다. 눈으로 보는 글자 형태에만 집착하면 탈초 능력에 제한성이 크다는 말이다.

4. 필자의 한국어, 중국어 능력은 모두 같이 높다. 한문 문서를 읽을 때, 중국어 음으로 읽으면 한자어 음으로 읽는 것보다 그 뜻이 더 잘 머리에 떠오름은 더 말할 것도 없다. 문제는 한문 문서를 묵

독하며 눈으로 본다고 하면 중국어로 묵독하며 눈으로 보는 것이 한자어로 묵독하며 눈으로 보는 것보다 의미터득이 퍽 더 잘된다.

관건은 사고 능력의 양성이다. 모 어종의 장악 수준은 그 어종으로 사고할 수 있느냐, 없느냐가 매우 중요하다. 그 언어로 사고할 수 있는 정도와 그가 그 언어를 장악한 수준은 정비례 된다. 그러면 사고를 무엇으로 하는가? 언어로 사고하며 언어의 물질기초인 서로 연결된 어음으로 사고한다. 문자로 사고할 수 있을까? 일련의 문자 화상이 머리 속에서 만화처럼, 슬라이드처럼, 영화처럼 번뜩번뜩 나타나며 사고할 수 있을까? 필자는 거의 불가능하다고 본다. 설령 문자의 화상畫像으로 사고할 수 있다고 하여도 속도가 아주 느리며 그 효과가 어음으로 사고하는 것에는 비교할 수 없을 정도로 못 미칠 것이다.

이제 본론으로 돌아와 한국 한문학 학도들의 학습 방법을 살펴보자. '나는 한자를 한자어 음이든, 중국어 음이든 소리로 읽지 않고 눈으로 보기만 하는데 당신 논문의 주장이 나와 무슨 상관이냐?'라고 말하는 자가 있을 듯하다. 문제는 눈으로 보는 화상만으로 한문 사고력이 생길 수 있느냐, 소리로 나타내는 언어에 비해 어느 정도의 사고력이 생길 수 있느냐이다.

필자의 주장은 화상만으로는 사고력이 생길 수 없거나 고작해야 아주 미비한 사고력이 생긴다는 것이다. 언어의 소리로 사고력이 생긴다면 중국어 음의 소리로 사고하는 것이 한자음으로 사고하는 것보다 훨씬 효과적이라는 것이다.

한국 역사상 한문 수준이 대단히 높으며 심지어 중국 학자들의 찬양을 받은 학자가 많다. 그들은 모두 한자어로 한문을 읽었는데도 수준이 높지 않은가? 그러나 간과하지 말아야 할 것은 그들이 한문

공부에 들인 정력과 시간이다. 그들은 5~6세부터 한문을 외웠으며 평생—수십 년간의 노력을 기울였다. 중국어 음으로 읽으면 1년, 3년, 5년이면 거둘 성과를 10년, 30년, 50년의 노력으로 이루어진다고 필자는 생각한다.

본문의 시작에서 말하다시피 중국어 음으로 읽으면 더 빠르고 쉽게 효과적으로 한문을 배울 수 있고 한자어 음으로 읽으면 느리고 어렵게 비효과적으로 장악할 수밖에 없다는 것이다. 한문을 한자어 음으로 읽으며 능통하게 장악하는 데 30년의 시간이 걸린다고 가정하자. 대신 3년간 중국어를 배우고 10년간 중국어 음으로 읽으며 한문을 능통하게 장악하였다면 모두 13년이 걸렸으며 17년을 절약한 셈이 된다. 한문학 학도들이 해볼 만하지 않단 말인가?

三 결국은 먼저 중국어를 배워라

위에서 한문을 잘 배우려면 한자를 중국어 음으로 읽으라고 하였다. 본 절에서는 중국어를 배우라고 하련다. 중국어 음으로 읽는 것과 중국어를 배우는 것은 그 결과는 비슷하겠지만 개념상 차이점이 있을 뿐만 아니라 실질적으로도 다르다. 중국 음으로 읽는 것은 글자와 단어를 익히면 되지만 중국어를 배우는 것은 문법까지 포함된다.

한문은 한국의 문화재일 뿐만 아니라 전 인류의 문화재이며 우선 한자문화권의 문화재이다. 필자는 20여 년 전부터 다산茶山 정약용

丁若鏞(1762~1836)의 《목민심서牧民心書》를 애독하여 왔으며 5-6번 정도 정독하였다. 마침내 정약용의 숭고한 정신에 매도되어 버리고 말았다. 중국 청대에 몇 손가락 안에 꼽히는 대학자 공자진龔自珍(1792~1841)은 정약용과 거의 같은 시대의 학자지만 정약용에 많이 못 미친다. 정약용의 저서뿐만 아니라 한국의 많은 한학자들의 저서는 중국학자와 견줄 만한 한자문화권의 찬란한 별들이다. 그래서 한국의 한문 문화재를 중국에 알릴 충동을 항상 느낀다.

이런 저서들을 한국어 격식으로만 정리하면 이 사명을 완수하기에 차질이 많다. 정리자들이 한문의 뜻을 제대로 터득하지 못한 원인도 있지만 더 많이는 한국어 문법 테두리를 벗어나지 못해서 생긴 오류이다. 뜻을 제대로 터득하지 못해서 생긴 오류는 당연한 일이지만 문법 때문에 생긴 오류는 얼마나 억울한가?

앞의 제六章 '표점부호의 오류'에서 예문으로 열거한 그토록 많은 표점부호의 오류는 중국어를 모르기 때문에 생긴 것이다. 그중 제2절 '의미 오해의 소지가 없는 예'는 한국 독자들에게는 의미터득에 큰 장애가 없지만 중국인의 눈에는 웃음거리이다. 한국 한문학자들의 이미지가 많이 실추된다.

복문인 경우 한국어는 연접을 나타내는 단어가 앞 문구에 붙는다. 그러므로 이런 부류의 한문을 아래와 같이 처리하게 된다.

홍길동이 찾아왔기에, 나는 이 일에 가담하겠다.

→洪吉童找來故, 吾將叄與此事

홍길동이 찾아온 후, 나는 이 일에 가담하겠다.

→洪吉童找來然後, 吾將叄與此事

홍길동이 찾아오면, 나는 이 일에 가담하겠다.

→洪吉童找來則, 吾將叅與此事

그러나 중국어는 연접을 나타내는 단어가 아래와 같이 뒤 문구에 붙는다.

홍길동이 찾아왔기에, 나는 이 일에 가담하겠다.

→洪吉童找來, 故吾將叅與此事

홍길동이 찾아온 후, 나는 이 일에 가담하겠다.

→洪吉童找來, 然後吾將叅與此事

홍길동이 찾아오면, 나는 이 일에 가담하겠다.

→洪吉童找來, 則吾將叅與此事

만약 한국어를 좀 알지만 확실하게 알지는 못하는 중국인이 중국어 문법의 규칙으로 한국어 문서를 아래와 같이 작성하였다고 하자.

홍길동이 찾아왔, 기에 나는 이 일에 가담하겠다.

홍길동이 찾아온, 후에 나는 이 일에 가담하겠다.

홍길동이 찾아오, 면 나는 이 일에 가담하겠다.

그러면 한국인의 눈에 유치해 보이며 웃음거리밖에 안된다. 위 예문 안의 오류가 표점부호가 '한 글자 앞에 붙나 뒤에 붙나'이므로 대수롭지 않게 볼 것으로 생각할 수 있지만 한국인의 눈에는 웃음거리로 보이게 된다. 단문의 뜻은 짐작할 수 있겠지만 이 문장을 작성한 중국인의 이미지가 많이 실추된다.

'아하, 앞으로 이런 문제에 봉착하면 표점부호를 한 글자 뒤에 찍으면 그만 아닌가? 별거 아니구나'라고 할 수 있다. 사실 그렇지가 않다. 위의 예는 빙산의 일각에 불과하다.

앞의 제1장의 오류 예해에서 언급했으므로 여기에서 생략하지만 한국의 한문학자들은 조선 시대의 고서에 나타난 많은 현대중국 어의 단어들을 틀리게 번역한다. 조선 시대의 고서에는 현대 중국어 요소가 많이 스며 있다. 현대 중국어를 모르면 조선 시대의 문헌을 제대로 터득할 수 없다. 한국의 한문학은 선진문헌先秦文獻—고대 중국어—을 기본으로 하고 있으며 현대 중국어는 거의 취급하지 않는다. 조선왕조는 유교를 국교로 하였으며 이때의 유교는 중국 성리학 대가 주자朱子, 정자程子 등의 영향을 많이 받았다. 그들의 저서에는 현대 중국어가 많이 섞여 있으므로 조선 시대 한국 학자의 저서에도 현대 중국어가 많이 포함돼 있다. 한국 한문학자들이 현대 중국어를 보수補修하지 않으면 항상 이런 오류를 면하기 어렵다.

'현대 중국어를 배울 시간이 어디 있는가'라며 당연 필자의 권고를 거절할 것이다. 어림잡아, 현대 중국어를 4년 정도 배우고 한문학을 10년 배우는 것이 현대 중국어를 모르며 한문학을 20년 배운 효과를 거둘 수 있다고 필자는 생각한다. 그러면 20년 사이에 벌써 4년을 번 셈이 아닌가? 만약 한문학에 종사하는 인생이 40년, 50년이라고 할 때 얼마나 많은 시간을 버는 셈인가? 한문학 생도들이 현대 중국어를 배우는 것은 절대 밑지는 장사가 아니다. 물론 나이 40이 넘은 사람은 별로이지만 10대, 20대에 한문학에 뛰어드는 사람이라면 꼭 현대 중국어를 배우기 바란다.

부록1 : 중국어의 음절 수

A19: ā阿 á啊 ǎ啊 à啊 a啊 āi哀 ái捱 ǎi矮 ài愛 ān安 ǎn俺 àn暗 āng骯
áng昂 àng盎 āo凹 áo敖 ǎo襖 ào傲

B59: bā八 bá跋 bǎ把 bà罷 ba吧 bāi掰 bái白 bǎi百 bài敗 bai唄
bān班 bǎn板 bàn半 bāng邦 bǎng榜 bàng棒 bāo包 báo薄 bǎo寶
bào報 bēi卑 běi北 bèi貝 bei唄 bēn奔 běn本 bèn笨 bēng崩
béng甭 běng繃 bèng蹦 bī逼 bí鼻 bǐ比 bì必 biān邊 biǎn貶
biàn變 biāo標 biǎo表 biào摽 biē鱉 bié別 biě癟 biè別 bīn賓
bìn殯 bīng兵 bǐng丙 bìng病 bō波 bó博 bǒ跛 bò簸 bo啵 bū逋
bú醭 bǔ補 bù不

C115: cā擦 cǎ礤 cāi猜 cái才 cǎi采 cài菜 cān餐 cán殘 cǎn慘 càn燦
cāng倉 cáng藏 cāo操 cáo曹 cǎo草 cào肏 cè冊 cèi卒瓦 cēn參
cén岑 cēng噌 céng層 cèng蹭 chā差 chá茶 chǎ叉 chà岔 chāi拆
chái柴 chǎi茝 chài瘥 chān摻 chán禪 chǎn產 chàn懺 chāng昌
cháng長 chǎng場 chàng唱 chāo抄 cháo潮 chǎo炒 chào耖
chē車 chě扯 chè徹 chēn瞋 chén臣 chěn磣 chèn讖 chen傖
chēng稱 chéng成 chěng逞 chèng秤 chī吃 chí池 chǐ齒 chì斥
chōng沖 chóng蟲 chǒng寵 chòng銃 chōu抽 chóu仇 chǒu醜
chòu臭 chū出 chú除 chǔ楚 chù處 chuā欻 chuāi揣 chuái膗
chuǎi揣 chuài踹 chuān川 chuán傳 chuǎn喘 chuàn釧

- 247 -

chuāng窗　chuáng床　chuǎng闖　chuàng創　chuī吹　chuí垂
chūn春　chún純　chǔn蠢　chuō戳　chuò啜　cī疵　cí詞　cǐ此　cì次
cōng匆　cóng從　còu湊　cū粗　cú殂　cù促　cuān躥　cuán攢　cuàn篡
cuī崔　cuǐ璀　cuì脆　cūn村　cún存　cǔn忖　cùn寸　cūo撮　cúo矬
cǔo脞　cuò挫

D66: dā搭　dá達　dǎ打　dà大　da噠　dāi呆　dǎi歹　dài代　dān丹　dǎn膽
dàn旦　dāng當　dǎng黨　dàng蕩　dāo刀　dáo叨　dǎo島　dào到　dē嘚
dé得　de的　dēi嘚　děi得　dèn扽　dēng登　děng等　dèng鄧　dī低　dí敵
dǐ底　dì地　diǎ嗲　diān顛　diǎn典　diàn店　diāo雕　diǎo屌　diào吊
diē跌　dié諜　dīng丁　dǐng頂　dìng定　diū丟　dōng東　dǒng董
dòng動　dōu兜　dǒu斗　dòu豆　dū都　dú毒　dǔ賭　dù杜　duān端
duǎn短　duàn段　duī堆　duì對　dūn敦　dǔn盹　dùn遁　duō多　duó奪
duǒ朵　duò舵

E15: ē阿　é額　ě惡　è餓　e呃　ēi欸　éi欸　ěi欸　èi欸　ēn恩　èn摁
ēng鞥　ér而　ěr耳　èr二

F31: fā發　fá伐　fǎ法　fà髮　fa口伐　fān番　fán凡　fǎn反　fàn范　fāng方
fáng防　fǎng訪　fàng放　fēi非　féi肥　fěi匪　fèi廢　fēn分　fén墳　fěn粉
fèn奮　fēng風　féng逢　fěng諷　fèng奉　fó佛　fǒu否　fū夫　fú扶　fǔ府
fù付

G59: gā胳 gá噶 gǎ嘎 gà尬 gāi該 gǎi改 gài丐 gān甘 gǎn桿 gàn幹
gāng綱 gǎng港 gàng杠 gāo高 gǎo稿 gào告 gē歌 gé革 gě葛
gè個 gěi給 gēn根 gén哏 gěn艮 gèn亙 gēng庚 gěng耿 gèng更
gōng公 gǒng鞏 gòng共 gōu溝 gǒu苟 gòu購 gū姑 gǔ古 gù故
guā瓜 guǎ寡 guà掛 guāi乖 guǎi拐 guài怪 guān官 guǎn管
guàn冠 guāng光 guǎng廣 guàng逛 guī歸 guǐ鬼 guì貴 gǔn衮
gùn棍 guō郭 guó國 guǒ果 guò過 guo過

H68: hā哈 há蛤 hǎ奤 hà哈 hāi咳 hái孩 hǎi海 hài亥 hān酣 hán寒
hǎn罕 hàn漢 hāng夯 háng航 hàng沆 hāo蒿 háo毫 hǎo好
hào號 hē喝 hé禾 hè賀 hēi黑 hén痕 hěn很 hèn恨 hēng亨
héng恒 hèng橫 hm口歆 hng哼 hōng薨 hóng紅 hǒng哄
hòng訌 hōu齁 hóu侯 hǒu吼 hòu後 hū乎 hú胡 hǔ虎 hù互
huā花 huá華 huà化 huái懷 huài壞 huai劃 huān歡 huán環
huǎn緩 huàn患 huāng荒 huáng黃 huǎng謊 huàng晃 huī灰
huí回 huǐ悔 huì會 hūn婚 hún魂 hùn混 huō豁 huó活 huǒ火
huò或

J48: jī飢 jí及 jǐ己 jì記 jiā家 jiá夾 jiǎ甲 jià價 jiān間 jiǎn檢 jiàn見
jiāng江 jiǎng講 jiàng降 jiāo交 jiáo矯 jiǎo角 jiào叫 jiē接 jié傑
jiě姐 jiè介 jie價 jīn金 jǐn緊 jìn進 jīng京 jǐng井 jìng竟 jiōng局
jiǒng炯 jiū究 jiǔ九 jiù救 jiu蹴 jū居 jú局 jǔ舉 jù具 juān捐
juǎn捲 juàn眷 juē撅 jué決 juě蹶 juè倔 jūn軍 jùn俊

K50: kā喀 kǎ卡 kāi開 kǎi凱 kài愾 kān刊 kǎn砍 kàn看 kāng康
káng扛 kàng抗 kāo尻 kǎo考 kào靠 kē科 ké咳 kě可 kè克 kēi剋
kěn肯 kèn裉 kēng坑 kōng空 kǒng孔 kòng控 kōu摳 kǒu口
kòu叩 kū哭 kǔ苦 kù庫 kuā夸 kuǎ垮 kuà跨 kuǎi㧟 kuài快
kuān寬 kuǎn款 kuāng匡 kuáng狂 kuǎng夼 kuàng況 kuī虧
kuí奎 kuǐ跬 kuì潰 kūn昆 kǔn捆 kùn困 kuò括

L92: lā拉 lá砬 lǎ喇 là辣 lɑ啦 lái來 lài賴 lɑi唻 lán蘭 lǎn覽 làn爛
lāng啷 láng 郎 lǎng朗 làng浪 lāo撈 láo勞 lǎo老 lào酪 lē肋
lè仂 le了 lēi勒 léi雷 lěi耒 lèi類 lei嘞 lēng稜 léng棱 lěng冷
lèng愣 lī哩 lí離 lǐ禮 lì力 li哩 liǎ倆 lián連 liǎn斂 liàn練 liáng良
liǎng兩 liàng亮 liāo撩 liáo遼 liǎo瞭 liào料 liē咧 liě咧 liè列
līn拎 lín林 lǐn凜 lìn吝 líng靈 lǐng領 lìng令 liū溜 liú劉 liǔ柳
liù六 lo咯 lōng隆 lóng龍 lǒng壟 lòng弄 lōu摟 lóu樓 lǒu簍
lòu陋 lou嘍 lū擼 lú盧 lǔ魯 lù路 lu氌 lǘ閭 lǚ呂 lǜ律 luán彎
luǎn卵 luàn亂 lüě掠 lüè略 lūn掄 lún倫 lǔn埨 lùn論 luō捋 luó羅
luǒ裸 luò洛

M63: m1姆 m2呒 m4呣 mā媽 má麻 mǎ馬 mà罵 ma嗎 mái埋 mǎi買
mài賣 mān嫚 mán瞞 mǎn滿 màn慢 māng牤 máng忙 mǎng莽
māo貓 máo毛 mǎo卯 mào茂 me麼 méi枚 měi美 mèi妹 mēn悶
mén門 mèn懣 men們 mēng蒙 méng萌 měng猛 mèng孟 mī咪
mí迷 mǐ米 mì密 mián眠 miǎn免 miàn面 miāo喵 miáo苗
miǎo秒 miào妙 miē乜 miè滅 mín民 mǐn敏 míng名 mǐng酩

mìng命 miù謬 mō摸 mó磨 mǒ抹 mò末 mōu哞 móu謀 mǒu某
mú毪 mǔ母 mù木

N67: n2唔 n3口五 n4口兀 nā那 ná拿 nǎ哪 nà納 nɑ哪 nǎi乃 nài奈
nān囡 nán南 nǎn枏 nàn難 nāng囊 náng儾 nǎng攮 nàng齉
nāo孬 náo撓 nǎo腦 nào鬧 né哪 nè訥 ne呢 něi餒 nài內 nèn嫩
néng能 ng2唔 ng3口五 ng4口兀 nī妮 ní尼 nǐ擬 nì匿 niān拈
nián年 niǎn輦 niàn念 niáng孃 niàng釀 niǎo鳥 niào尿 niē捏
nié苶 niè聶 nín您 níng寧 nǐng擰 nìng佞 niū妞 niú牛 niǔ紐
niù拗 nóng農 nòng弄 nòu耨 nú奴 nǔ努 nù怒 nǚ女 nǜ恧
nuǎn暖 nüè虐 nuó挪 nuò諾

O8: ō噢 ó哦 ǒ嗻 ò哦 ōu歐 óu嘔 ǒu偶 òu漚

P62: pā趴 pá爬 pà怕 pāi拍 pái排 pǎi迫 pài派 pān攀 pán盤 pǎn坢
pàn判 pāng滂 páng旁 pǎng耪 pàng胖 pāo拋 páo庖 pǎo跑
pào泡 pēi胚 péi陪 pèi配 pēn噴 pén盆 pèn噴 pēng烹 péng朋
pěng捧 pèng碰 pī批 pí皮 pǐ匹 pì辟 piān偏 pián駢 piǎn諞
piàn騙 piāo剽 piáo瓢 piǎo曝 piào票 piē瞥 piě撇 piè嫳 pīn拼
pín貧 pǐn品 pìn聘 pīng俜 píng平 pō潑 pó婆 pǒ叵 pò破 po桲
pōu剖 póu裒 pǒu掊 pū撲 pú菩 pǔ普 pù鋪

Q50: qī七 qí其 qǐ企 qì氣 qiā掐 qiá拤 qiǎ卡 qià洽 qiān千 qián前
qiǎn 遣 qiàn欠 qiāng槍 qiáng強 qiǎng搶 qiàng嗆 qiāo悄
qiáo喬 qiǎo巧 qiào俏 qiē切 qié茄 qiě且 qiè妾 qīn親 qín琴

- 251 -

qǐn寢 qìn沁 qīng青 qíng情 qǐng請 qìng慶 qióng窮 qiū秋 qiú求 qiǔ糗 qū屈 qú渠 qǔ取 qù去 qu戌 quān圈 quán權 quǎn犬 quàn勸 quē缺 qué瘸 què卻 qūn囷 qún群

R34: rán然 rǎn染 rāng嚷 ráng瓤 rǎng壤 ràng讓 ráo饒 rǎo擾 rào繞 rě惹 rè熱 rén人 rěn忍 rèn刃 rēng扔 réng仍 rì日 róng榮 rǒng冗 róu柔 ròu肉 rú如 rǔ乳 rù入 ruá挼 ruán堧 ruǎn軟 ruí綏 ruǐ蕊 ruì銳 rún腝 rùn閏 ruó挼 ruò若

S101: sā仨 sǎ洒 sà薩 sāi腮 sài賽 sān三 sǎn傘 sàn散 sāng桑 sǎng搡 sàng喪 sāo搔 sǎo嫂 sào埽 sè嗇 sēn森 sēng僧 shā殺 shá啥 shǎ傻 shà霎 shāi篩 shǎi色 shài曬 shān山 shǎn閃 shàn善 shāng傷 shǎng賞 shàng尚 shang裳 shāo燒 sháo勺 shǎo少 shào紹 shē奢 shé舌 shě捨 shè社 shéi誰 shēn申 shén神 shěn審 shèn慎 shēng生 shéng繩 shěng省 shèng聖 shī師 shí十 shǐ史 shì士 shi匙 shōu收 shóu熟 shǒu手 shòu受 shū書 shú孰 shǔ署 shù樹 shuā刷 shuǎ耍 shuà刷 shuāi衰 shuǎi甩 shuài帥 shuān栓 shuàn涮 shuāng霜 shuǎng爽 shuí誰 shuǐ水 shuì稅 shǔn吮 shùn舜 shuō說 shuò朔 sī私 sǐ死 sì四 sōng松 sóng屄 sǒng聳 sòng宋 sōu搜 sǒu叟 sòu嗽 sū蘇 sú俗 sù夙 suān酸 suàn算 suī雖 suí隨 suǐ髓 suì歲 sūn孫 sǔn損 suō梭 suǒ所

T72: tā他 tǎ塔 tà沓 tāi胎 tái臺 tǎi呔 tài太 tān貪 tán談 tǎn坦 tàn嘆 tāng湯 táng堂 tǎng躺 tàng燙 tāo濤 táo桃 tǎo討 tào套 tè特

te賦 tēi忒 tēng熥 téng疼 tī梯 tí題 tǐ體 tì替 tiān天 tián田 tiǎn忝
tiàn掭 tiāo祧 tiáo條 tiǎo挑 tiào跳 tiē貼 tiě鐵 tiè帖 tīng廳
tíng亭 tǐng挺 tìng梃 tōng通 tóng同 tǒng统 tòng痛 tōu偷
tóu頭 tǒu斜 tòu透 tou頭 tū凸 tú圖 tǔ土 tù兔 tuān湍 tuán團
tuǎn疃 tuàn彖 tuī推 tuí頹 tuǐ腿 tuì退 tūn吞 tún囤 tǔn氽
tùn褪 tuō托 tuó馱 tuǒ妥 tuò柝

W34: wā挖 wá娃 wǎ瓦 wà襪 wa哇 wāi歪 wǎi崴 wài外 wān彎 wán丸
wǎn晚 wàn萬 wāng汪 wáng亡 wǎng枉 wàng忘 wēi威 wéi圍
wěi偉 wèi未 wēn溫 wén文 wěn穩 wèn問 wēng翁 wěng滃
wèng甕 wō倭 wǒ我 wò沃 wū烏 wú無 wǔ五 wù誤

X54: xī西 xí席 xǐ洗 xì戲 xiā瞎 xiá匣 xià夏 xia下 xiān先 xián賢
xiǎn顯 xiàn現 xiāng鄉 xiáng祥 xiǎng享 xiàng象 xiāo消 xiáo崤
xiǎo小 xiào孝 xiē些 xié協 xiě寫 xiè謝 xīn心 xín鐔 xǐn伈 xìn信
xīng興 xíng形 xǐng醒 xìng性 xiōng兄 xióng雄 xiòng詗 xiū休
xiǔ朽 xiù秀 xū須 xú徐 xǔ許 xù旭 xu蓿 xuān宣 xuán玄 xuǎn選
xuàn眩 xuē薛 xué學 xuě雪 xuè謔 xūn勛 xún循 xùn訓

Y59: yā壓 yá牙 yǎ雅 yà亞 ya呀 yān煙 yán言 yǎn眼 yàn驗 yāng央
yáng羊 yǎng養 yàng樣 yāo夭 yáo堯 yǎo咬 yào要 yē耶 yé爺
yě也 yè業 yī一 yí儀 yǐ乙 yì義 yīn因 yín銀 yǐn尹 yìn印 yīng應
yíng迎 yǐng影 yìng映 yō唷 yo喲 yōng庸 yóng顒 yǒng永
yòng用 yōu優 yóu由 yǒu有 yòu又 you呦 yū迂 yú於 yǔ與 yù玉

- 253 -

yuān冤 yuán元 yuǎn遠 yuàn院 yuē曰 yuě噦 yuè月 yūn暈

yún云 yǔn允 yùn運

Z115: zā咂 zá雜 zǎ咋 zāi哉 zǎi宰 zài在 zān簪 zán咱 zǎn昝 zàn贊

zɑn咱 zāng贓 zǎng駔 zàng葬 zāo遭 záo鑿 zǎo早 zào造 zé則

zè仄 zéi賊 zěn怎 zèn譖 zēng增 zèng贈 zhā渣 zhá閘 zhǎ眨

zhà炸 zhɑ餷 zhāi齋 zhái宅 zhǎi窄 zhài寨 zhān沾 zhǎn斬

zhàn戰 zhāng張 zhǎng掌 zhàng丈 zhāo招 zháo着 zhǎo找

zhào召 zhē螫 zhé哲 zhě者 zhè浙 zhe着 zhèi這 zhēn真 zhěn疹

zhèn陣 zhēng征 zhěng拯 zhèng正 zhī之 zhí直 zhǐ止 zhì志

zhōng中 zhǒng腫 zhòng眾 zhōu州 zhóu妯 zhǒu肘 zhòu宙

zhou磚 zhū朱 zhú竹 zhǔ主 zhù住 zhuā抓 zhuǎ爪 zhuāi拽

zhuǎi跩 zhuài拽 zhuān專 zhuǎn轉 zhuàn撰 zhuāng裝

zhuǎng奘 zhuàng狀 zhuī追 zhuì墜 zhūn諄 zhǔn準 zhuō桌

zhuó濁 zī咨 zǐ子 zì自 zi子 zōng宗 zǒng總 zòng縱 zōu鄒

zǒu走 zòu奏 zū租 zú足 zǔ組 zuān躦 zuǎn纂 zuàn攥 zuī朘

zuǐ嘴 zuì最 zūn尊 zǔn撙 zùn捘 zuō作 zuó昨 zuǒ左 zuò坐

A19+B59+C115+D66+E15+F31+G59+H68+J48+K50+L92+M63+
N67+O8+P62+Q50+R34+S101+T72+W34+X54+Y59+Z115=1,341

합계: 1,341개 음절

부록2 : 한자어의 음절 수

ㄱ 가加 각各 간間 갈葛 감甘 갑甲 강姜 개個 객客 갱更 갹醵 거巨
건巾 걸傑 검檢 겁劫 게憩 격格 견犬 결決 겸兼 겹裌 경京 계界
고高 곡穀 곤困 골骨 공公 과瓜 곽郭 관官 괄刮 광光 괘挂 괴壞
괵虢 굉宏 교交 구九 국國 군君 굴屈 궁宮 권權 궐闕 궤軌 귀貴
귁幗 규圭 균均 귤橘 극極 근斤 글契 금今 급及 긍肯 기其 긱喫
긴緊 길吉 김金 63

ㄴ 나拿羅 낙諾樂 눌訥 늑勒 늠廩 능能棱 니尼 22

ㄷ 다多 단丹 달達 담擔 답答 당當 대大 댁宅 덕德 도道 독讀 돈遁
돌突 동東 두斗 둔鈍 득得 등等18

ㅁ 마馬 막莫 만萬 말末 맘鏋 망亡 매每 맥脈 맹孟 멱冪 면免 멸滅
명明 몌袂 모母 목木 몰没 몽夢 묘秒 무武 묵默 문門 물物 미美
민民 밀密 26

ㅂ 박朴 반半 발發 방方 배倍 백白 번番 벌罰 범范 법法 벽壁 변卞
별別 병丙 보寶 복福 본本 봉鳳 부父 북北 분分 불不 붕朋 비
比 빈賓 빙冰 26

ㅅ 사四 삭朔 산山 살殺 삼三 삽插 상上 새塞 색色 생生 서書 석石

선仙 설說 섬纖 섭涉 성生 세世 소小 속俗 손孫 솔率 송宋 쇄瑣 쇠衰 수修 숙淑 순順 술戌 숭崇 쉬焠 슬瑟 습習 승承 시時 식食 신申 실實 심心 십十 싱膽 쌍雙 씨氏 43

ㅇ 아亞 악惡 안安 알謁 암暗 압壓 앙央 애愛 액厄 앵罌 야也 약藥略 양羊釀良 어語 억億 언言 얼蘖 엄嚴 업業 에殪 여與女旅 역亦怒力 연燕年連 열熱捏列 염染念廉 엽葉聶獵 영英寧令 예藝禰禮 오五 옥玉 온溫 올兀 옹翁 와瓦 완完 왈曰 왕王 왜倭 외外 요要尿了 욕欲 용用龍 우宇 욱旭 운云 웅雄 원元 월月 위位 유由紐劉 육育忸六 윤尹倫 율聿律 융戎 隆 은銀 을乙 음音 읍邑 응凝 의衣 이二李 익益匿 인人鄰 일一昵 임壬恁林 입入立 잉剩 67

ㅈ 자子 작作 잔殘 잘嘶 잠潛 잡匝 장長 재在 쟁爭 저低 적的 전全 절切 점占 접接 정正 제制 조趙 족族 존尊 졸卒 종宗 좌左 죄罪 죽竹 준俊 줄崒 중中 즉卽 즐櫛 즙汁 증蒸 지之 직直 진眞 질質 짐朕 집集 징徵 39

ㅊ 차車 착錯 찬贊 찰刹 참斬 창昌 채蔡 책冊 처妻 척斥 천千 철哲 첨尖 첩妾 청靑 체體 초初 촉促 촌村 총匆 촬攝 췌淬 최崔 추秋 축丑 춘春 출出 충蟲 췌瘁 취取 측測 츤襯 층層 치恥 칙敕 친親 칠漆 침侵 칩蟄 칭稱 40

ㅋ 쾌快 1

ㅌ 타他 탁托 탄誕 탈脫 탐貪 탑塔 탕湯 태太 택澤 탱撑 토土 톤噋
통統 퇴退 투投 특特 16

ㅍ 파波 판判 팔八 패佩 팽烹 팍愎 편便 폄貶 평平 폐廢 포包 폭暴
표表 품品 풍風 피彼 픽愊 필必 핍逼 19

ㅎ 하下 학學 한韓 할割 함咸 합合 항航 해亥 핵核 행行 향鄕 허許
헌獻 헐歇 험驗 혁革 현現 혈血 혐嫌 협俠 형亨 혜惠 호號 혹或
혼魂 홀忽 홍紅 화華 확確 환環 활活 황黃 홰嘬 회回 획劃 횡橫
효孝 후後 훈訓 훌烋 훙薨 훤暄 훼卉 휘徽 휴休 흑憶 휼恤 흉匈
흑黑 흔欣 흘仡 흠欠 흡吸 흥興 희熙 힐詰 56

ㄱ63 +ㄴ22 +ㄷ18 +ㅁ26 +ㅂ26 +ㅅ43 +ㅇ67 +ㅈ39 +ㅊ40 +ㅋ1
+ㅌ16 +ㅍ19 +ㅎ56=436

합계:436개 음절

한국 고서정리
오류해제

초판인쇄 2022년 03월 25일
초판발행 2022년 03월 25일

지은이 정인갑
펴낸이 채종준
펴낸곳 한국학술정보㈜
주   소 경기도 파주시 회동길 230(문발동)
전   화 031) 908-3181(대표)
팩   스 031) 908-3189
홈페이지 http://ebook.kstudy.com
E-mail 출판사업부 publish@kstudy.com
출판신고 2003년 9월 25일 제406-2003-000012호

ISBN 979-11-6801-434-3 93700